いつものおたよりで子育て支援!

食育・給食のCD-ROMおたより文例

そのまま使える

囲み・文例・イラスト集

CD-ROM

Windows & Macintosh 対応

P01-1

ひかりのくに

はじめに

「食育」という言葉が、昨今、盛んに使われるようになりましたが、この言葉は、わが国では「体育」「知育」「才育」「徳育」と並ぶ教育の基本の一つとして、明治時代から用いられてきたものです。1898年に石塚左玄は「通俗食物養生法」の中で「今日、学童を持つ人は、体育も智育も才育もすべて食育にあると認識すべき」と、食育の重要性を記しています。欠食や孤食、肥満の増加、食生活に密接に関連する生活習慣病の増加といった食に関わる課題は、私たちにあらためて「食育」を考えさせ、その重要性を認識する必要性を提示しています。

本書は、「食育」について、専門家である栄養士や現場で食育に関するすばらしい取り組みをしている養護教諭、保育士、幼稚園教諭、小学校教諭などの協力により、最新の科学的根拠に基づき、最新の教育的視点から、実践的な内容をご提供することができたと思います。また、毎月の保健だよりや給食のおたよりにご利用いただけるように、「食育」に関する季節に合わせたテーマや最新の話題を盛り込んだ文例やイラストを用意しました。さらに、クイズや食にまつわる文例、もの知りコーナーなどで子どもたちや保護者が楽しく「食育」に関心を持てるような工夫をしました。CD−ROMのファイルをご利用いただくことによって、文例と枠のイラストを多様に組み合わせたり、文例だけ、イラストだけを抜き出したりと、さまざまな活用が可能です。ご利用される方の斬新なアイデアを駆使して、保健だよりだけでなく、献立表の片隅や、クラスだよりのひとコマにもご利用いただいて、より効果的に、子どもたちや保護者が「食育」の大切さを知るきっかけにしていただくことができます。

子どもたちが、生活の中で保護者と共に「食」を学び、「食」を楽しみ、「食」を通してすくすく育つ、そのような「食育」を実感できる保育園・幼稚園や家庭であることを願っています。そして、本書がその一助となることができれば幸甚です。

山梨大学大学院 医学工学総合研究部 教授　医学博士

山縣　然太朗

本書の特長と使い方

P02-1

特長

子どもの体力、運動機能の低下が危うい状況にあります。

健全な体づくりのためには運動・休養・栄養の3つの柱が大切です。

このいずれもが、家庭との協力関係なくしては語れないものです。

本書は、「栄養」面を中心に保育者と保護者のコミュニケーションを促し、「食」について、その大切さにお互いに気づいていけるような情報を、園だより・クラスだより給食だよりなどのコーナー作りに便利なイラストつき囲み記事形式で紹介しています。

- ●すぐに使える豊富な内容→CD-ROMつき！
- •季節感のある1年間の文例（年中行事・旬の食材等）
- •朝食の大切さを伝える文例
- •箸のもち方などに対する文例と園での指導例
- •栄養士からのひとこと
- •食育なぞなぞ・ものしりコーナー、etc

使い方

本から選んで、CD-ROMを開き、用途に合わせてお使いください。

①

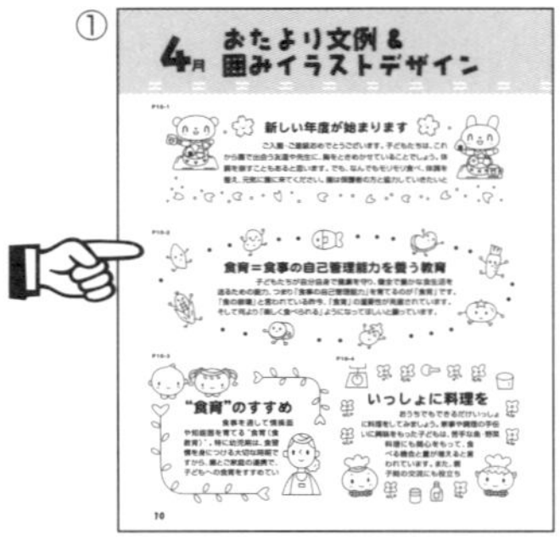

4月 おたより文例＆囲みイラストデザイン
新しい年度が始まります
食育＝食事の自己管理能力を養う教育
“食育”のすすめ
いっしょに料理を

①本から使いたいものを選び、その左肩の番号（イラストのファイル名、P10-2…など）をメモしておきます。

②パソコンにCD-ROMをセットし、選んだものが出てくるまでクリックしていきます。P10-2を探すときは、右のようになります。

②

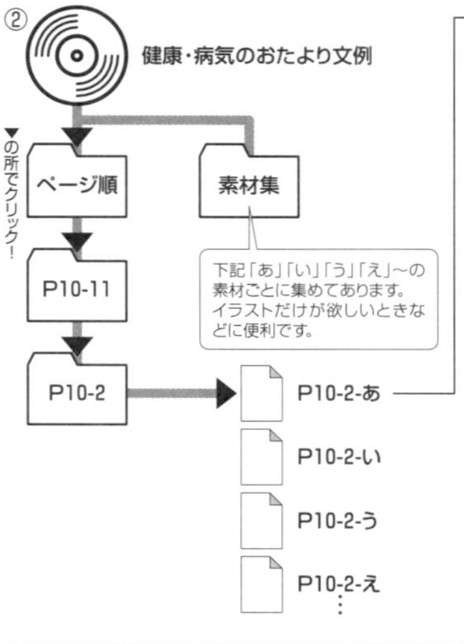

健康・病気のおたより文例
▼の所でクリック！
ページ順
素材集
下記「あ」「い」「う」「え」〜の素材ごとに集めてあります。イラストだけが欲しいときなどに便利です。
P10-11
P10-2
P10-2-あ
P10-2-い
P10-2-う
P10-2-え
⋮

「P10-2-あ.bmp」が表示されました。

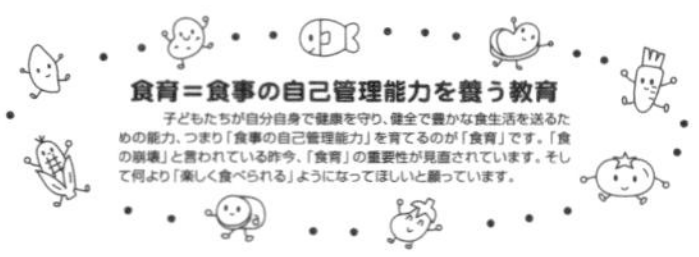

食育＝食事の自己管理能力を養う教育
子どもたちが自分自身で健康を守り、健全で豊かな食生活を送るための能力、つまり「食事の自己管理能力」を育てるのが「食育」です。「食の崩壊」と言われている昨今、「食育」の重要性が見直されています。そして何より「楽しく食べられる」ようになってほしいと願っています。

P10-2-あ……囲み全体素材

P10-2-い……囲みイラスト素材のみ

P10-2-う……文章素材のみ

P10-2-え〜…イラスト単品素材

※囲みのつなぎの線や丸などは、「え〜」のイラスト単品素材になっていません。

※本文中の囲み形式でないイラストは、「あ」の囲み全体素材として入っています。

※表紙およびP1〜7のイラストは、上記どおりのファイル名の表示でないところもあります。

このように、囲み全体（あ）だけでなく、囲みイラスト（い）、文章のみ（う）、イラスト単品（え〜）など、欲しい所をデータとして取り出せます。パソコンで各種おたよりなどを作成するとき、たいへん便利です。

詳しい使い方はP.88〜をご覧ください。

※CD-ROMの内容を図案化したものです。フォルダやファイルの形など、実際の画面とは違っています。

CD-ROMをご利用になる前に

⚠必ず読んで、ご確認の上ご購入ください。

P03-1

動作環境

- **パソコン（CD-ROMドライブが必要）**
〈Windowsの場合〉Windows 98以上のOSで動作するパソコン。空きメモリ32MB以上（64MB以上を推奨）。
〈Macintoshの場合〉Mac OS8.0以上のOSで動作するパソコン。空きメモリ16MB以上（仮想メモリ使用時。使用しないときは48MB以上推奨）。
- **アプリケーションソフト**
画像データは「BMP」ファイル形式で収録されています。「BMP」に対応したアプリケーションで利用することができます。
- 本書をおたより作りに生かすには、『Microsoft Word』がパソコンにインストールされている必要があります。

ご注意

- 本書掲載の操作方法や操作画面は、『Microsoft WindowsXP Home Edition』で動く、『Microsoft WordXP』を使った場合のものを紹介しています。お使いになっているパソコンのOS又は、アプリケーションの種類により、操作方法や操作画面が異なる場合がありますので、ご使用のOS、アプリケーションの説明書をご覧のうえご使用ください。
- イラストデータは、200%以上拡大するとギザツキが目だってくることがあります。
お使いのプリンタやプリンタドライブ等の設定により、モニター上と出力物との色調が変化する可能性があります。
- お客様が本書付属CD-ROMのデータを使用したことにより生じた損害、障害、その他いかなる事態にも、弊社は一切責任を負いません。
- 本書に記載されている内容に関するご質問は、弊社までご連絡ください。ただし、付属CD-ROMに収録されている画像データについてのサポートは行なっておりません。

※Microsoft Windowsは、米国マイクロソフト社の登録商標です。
※その他記載されている会社名、製品名は、各社の登録商標および商標です。
※本書では、™ RC マークの表示を省略しています。

本書掲載イラスト、CD-ROM収録データの使用の許諾と禁止事項

本書掲載イラストおよびCD-ROM収録データは、ご購入された個人または法人が、営利を目的としない社内報、学校新聞、園だよりや、私的範囲内の年賀状・クリスマスなどのカード類には自由に使用することができます。
ただし、以下のことを遵守してください。

- 他の出版物、企業のPR広告、商品広告、企業・お店のマークなどに使用する場合や、園児募集ポスター、園バスのデザイン、その他物品に印刷し販促に使用または商品として販売する場合、インターネットのホームページなどに使用する場合、無断で使用することは、法律で禁じられています。著作者・版権者の許可および使用料の支払いが必要です。なお、イラストを変形、または手を加えて上記内容に使用する場合も許可および使用料の支払いが必要です。

- 本書掲載イラスト、およびCD-ROM収録のデータを複製し、第三者に譲渡・販売・頒布（インターネットを通じた提供も含む）・賃貸することはできません。
（弊社は、本書掲載イラスト、CD-ROM収録のデータのすべての著作権を管理しています。）

CD-ROM取り扱い上の注意

- 付属のディスクは「CD-ROM」です。一般オーディオプレイヤーでは絶対に再生しないでください。パソコンのCD-ROMドライブでのみお使いください。
- CD-ROMの裏面に指紋をつけたり、傷をつけると、データが読み取れなくなる場合があります。CD-ROMを扱う際には、細心の注意を払ってお使いください。
- CD-ROMドライブにCD-ROMを入れる際には、無理な力を加えないでください。CD-ROMドライブのトレイに正しくセットし、トレイを軽く押してください。トレイにCD-ROMを正しく載せなかったり、強い力で押し込むと、CD-ROMドライブが壊れるおそれがあります。その場合も一切責任は負いませんのでご注意ください。

P04-1

P05-1

イラスト／藤江真紀子
本文ライティング・編集協力／堤谷孝人・永井一嘉
企画編集／安藤憲志・長田亜里沙

いま、なぜ「食育」が注目されているのか

山梨大学大学院 医学工学総合研究部 教授 医学博士
山縣　然太朗

「食」という字は、人に良いと書きます。食は人に生きるための栄養を与え、体をつくり、活力源となります。食は人に楽しみを与え、満足させてくれます。食は人に交流の場を与え、互いの心を通じさせてくれます。まさに、食は人にとって必須の、人に恵みを与えてくれる営みです。一方で、食をめぐる課題もいくつかあります。世界的にみれば、食糧難による飢餓や栄養素の偏りによる栄養失調、汚染食物による健康被害などの問題が多くの地域で存在しています。

わが国では戦後の著しい経済成長により、食の供給や安全面の課題は克服されてきました。反面、食の西洋化や飽食の時代といわれた過剰な食の供給によるカロリーや脂質摂取過多と運動不足によって肥満や糖尿病などの生活習慣病が増加し、欠食や孤食といった食生活そのものの乱れによる心身の健康障害が顕著化してきました。これは大人だけでなく、子どもたちの健全な育成にとっても深刻な問題です。そこで、平成16年2月に厚生労働省雇用均等・児童家庭局は「楽しく食べる子どもに～食からはじまる健やかガイド～」の表題で、「食を通じた子どもの健全育成（いわゆる「食育」の視点から）のあり方に関する検討会」報告書を出しました。

報告書では、子どもたちの食をめぐる現状と課題について、次の点を挙げています。

1. 子どもの変化として、①**小児期における肥満の増加と思春期のやせの発現**:9～11歳の男児の肥満は70年代後半の8.4%から、90年代後半には15.0%と増加しています、②**朝食の欠食の低年齢化**:毎日朝食を摂っていない幼児が10%もいます、③**通塾率増加による食や生活リズムの乱れ**。
2. 親、親子の関わり、家庭の変化として、①**家族そろって夕食を摂る頻度の減少**:昭和61年には6割以上が週4日以上は家族そろって夕食を摂っていましたが、平成13年には5割を切りました、②**おやつの与え方について“時間を決めて”が激減**:5～6歳児で平成2年には48.8%でしたが、平成12年には13.4%になりました、③**育児の負担感の増大**、④**食に関する知識や技術の不足**。
3. 食をとりまく環境として、①**市販の離乳食や調理済み食品等の利用状況の増加**:市販の離乳食をよく利用した人は平成2年では16.7%でしたが、平成12年には30%に増加しています、②**栄養や食事に関する情報源として高率を占める“テレビ・ラジオ”**。

ここで、私たちの調査で明らかになった子どもたちの食に関する課題をお示しします。私たちは地域の保健師さんや保護者の方と一緒に、子どもたちの健康に関する調査を十数年にわたって実施しており、母親が母子健康手帳を手にする時から、そのお子さんが大きくなるまでを追跡調査しています。その調査結果として、思春期の肥満について興味深い結果を得ました。思春期の肥満は、その子の幼児期の体格、母親の肥満、幼児期の遊び方、おやつの摂り方、牛乳摂取と関連していました。母親の肥満が関連しているのは遺伝的な要因に加えて、母親の生活習慣との関連があると思われます。私たちは別の研究で、母親の妊娠時の生活習慣が乱れていると、その子どもが幼児期に肥満になることを明らかにしましたが、このことからも、母親の生活習慣、特に食習慣はその子どもに強い影響を与えていることが推測できます。また、おやつの摂り方については、母親が“おやつを時間を決めずに与える”子どもは肥満になりやすいことが明らかになりました。前述のように検討会での現状把握でも“おやつを時間を決めて与える”親が激減していることが報告されており、重要な点であると思います。

こういった、現状を踏まえて、検討会では食を通じた子どもの健全育成のねらいを、現在をいきいきと生き、かつ生涯にわたって健康で質の高い生活を送る基本としての食を営む力を育てるとともに、それを支援する環境づくりをすすめること、としています。食を通じた子どもの健全育成の目標を、①**食事のリズムがもてる**、②**食事を味わって食べる**、③**一緒に食べたい人がいる**、④**食事づくりや準備に関わる**、⑤**食生活や健康に主体的に関わる**ことにおいています。さらに、食を通じた健全育成は身体的、精神的、社会的発達を含め、子どもたちを総合的にとらえること、すなわち、目標とする“楽しく食べる子ども”とは、「心と身体の健康」を保ち、「人との関わり」を通して社会的健康を培いながら、「食の文化と環境」との関わりのなかで、いきいきとした生活を送るために必要な「食のスキル」を身につけるというものです。そして、この目標に対して、子どもの成長段階に応じた内容が表のように示されています。特に、幼児期では食べる意欲を大切に、食の体験を広げようのキャッチフレーズで、①**おなかがすくリズムがもてる**、②**食べたいもの、好きなものが増える**、③**家族や仲間と一緒に食べる楽しさを味わう**、④**栽培、収穫、調理を通して、食べ物に触れはじめる**、⑤**食べ物や身体のことを話題にする**ことが提言されました。これらを実現する具体的な方法として、実践例も示されています。その中には、食に関する相談や講座に加えて、家庭を結ぶ連絡帳、「食事だより」などによる保育所の食事に関する情報提供が挙げられています。

食育を推進していくにあたって、まず、保護者に食育に関心を持ってもらうことが大切です。そのためには、様々な機会をとらえて、食に関する情報を提供することが必要です。また、家庭と保育園・幼稚園、地域との連携による“食べる力”を育むための環境づくりも重要な要素です。そのためには情報交換をして、それを共有し、子どもたちの食をめぐる状況を的確に把握することが第一歩になります。本書のような情報交換の支援ツールを駆使して、大人と子どもが一緒に食育に関心を持ち、コミュニケーションを密にすることからはじめましょう。

21世紀の初頭における母子保健の国民運動計画である「健やか親子21」においても、新たに「食育」を重要な課題と位置づけて、推進していくことになりました。ひとりひとりが「食育」の重要性を認識して、互いに連携しながら、子どもたちのために、人に良い「食」を取りもどさなければなりません。

食を通じた子どもの健全育成の目標（下図）

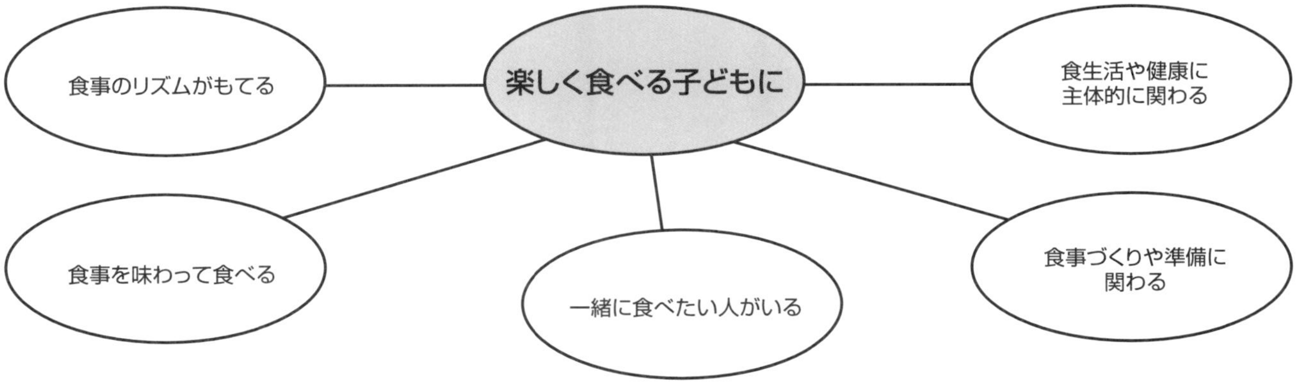

発育・発達過程に応じて育てたい食べる力（下表）

授乳期・離乳期 ー安心と安らぎの中で食べる意欲の基礎づくりー
○ 安心と安らぎの中で母乳（ミルク）を飲む心地よさを味わう
○ いろいろな食べ物を見て、触って、味わって、自分で進んで食べようとする

幼児期 ー食べる意欲を大切に、食の体験を広げようー
○ おなかがすくリズムがもてる
○ 食べたいもの、好きなものが増える
○ 家族や仲間と一緒に食べる楽しさを味わう
○ 栽培、収穫、調理を通して、食べ物に触れはじめる
○ 食べ物や身体のことを話題にする

学童期 ー食の体験を深め、食の世界を広げようー
○ 1日3回の食事や間食のリズムがもてる
○ 食事のバランスや適量がわかる
○ 家族や仲間と一緒に食事づくりや準備を楽しむ
○ 自然と食べ物との関わり、地域と食べ物との関わりに関心をもつ
○ 自分の食生活を振り返り、評価し、改善できる

思春期 ー自分らしい食生活を実現し、健やかな食文化の担い手になろうー
○ 食べたい食事のイメージを描き、それを実現できる
○ 一緒に食べる人を気遣い、楽しく食べることができる
○ 食料の生産・流通から食卓までのプロセスがわかる
○ 自分の身体の成長や体調の変化を知り、自分の身体を大切にできる
○ 食に関わる活動を計画したり、積極的に参加したりすることができる

P07-1

参考文献
厚生労働省
「食を通じた子どもの健全育成（いわゆる「食育」の視点から）のあり方に関する検討会」
報告書 2004
（次のホームページからダウンロードできます）
http://rhino.yamanashi-med.ac.jp/sukoyaka/gakkou-hoken.html
http://www.i-kosodate.net/mhlw/i_report/eat_edu/index.html

石原融、武田康久、水谷隆史、山縣然太朗他
「思春期の肥満に対する乳幼児の体格と生活習慣の関連」日本公衆衛生雑誌　50(2)
106-116. 2003

毎月連載しましょう！

「食」の年中行事・記念日カレンダー

P08-1

4 April

●3日／インゲン豆の日
日本にインゲン豆をもたらしたとされている中国の禅僧「隠元禅師」の命日にちなんでいます。

●19日／食育の日
「4と19」のごろ合わせから。

■イチゴの収穫期

「イチゴジャム作り」などにも挑戦してみましょう。

P08-2

5 May

●5日／ワカメの日
ミネラル・カルシウムなどを多く含むワカメです。たくさん食べましょう。

●9日／アイスクリームの日
日本で初めてアイスクリームが販売された日。

●29日／こんにゃくの日
「5と2と9」のごろ合わせから。

□サツマイモの作つけ期
□もちゴメの作つけ期
■タマネギ・ジャガイモの収穫期

「カレーパーティー」を開いてみましょう。

P08-3

6 June

●1日／ムギ茶の日
ムギ茶の原料「オオムギ」の収穫期にあたります。

●4日／虫歯予防デー
しっかりと歯磨きができていますか？ 見直してみましょう。

●16日／和菓子の日
仁明天皇が和菓子をお供えし、疾病よけ・健康招福を祈ったとされている日。

●29日／つくだ煮の日
つくだ煮発祥の地「東京佃島・住吉神社」の大祭日が由来。つくだ煮は、ごはんといっしょにいただくと、おいしいですね。

P08-4

7 July

●4日／ナシの日
「7と4」のごろ合わせから。

●10日／納豆の日
「7と10」のごろ合わせから。

●14日／ゼリーの日
ゼリーの原料はゼラチン。この7月14日は「ゼラチンの日」でもあります。

●25日／かき氷の日
かき氷のことを「夏氷《なつごおり》」と呼んでいて、「7と2と5」のごろ合わせから。

P08-5

8 August

●4日／箸の日
「8と4」のごろ合わせから。

●7日／バナナの日
「8と7」のごろ合わせから。

●8日／発酵食品の日
チーズや納豆などの発酵食品は、保存・健康面などで優秀な食品です。

●29日／焼き肉の日
スタミナをつけましょう。夏ももう少しで終わります。

●31日／野菜の日
「8と31」のごろ合わせから。

P08-6

9 September

●1日／キウイの日
「9と1」のごろ合わせから。

●6日／クロマメの日
クロマメは、体に良い「ポリフェノール」を多く含む、健康食品。

●15日／ヒジキの日
栄養豊富なヒジキ、ふだんから摂取できていますか？

●18日／かいわれ大根の日
「18」の1を横に倒すと、「一8（カイワレダイコン）」の形になりますね。

□タマネギの作つけ期

収穫まで長くかかります。根気よく育ててください。

P09-1

10 October

●2日／豆腐の日
「10と2」のごろ合わせから。
●4日／イワシの日
栄養満点のイワシ。いろんな食べ方でいただきましょう。
●16日／世界食糧デー
世界には、食べ物がなくて困っている人がたくさんいます。
食糧不足について、一度考えてみましょう。

P09-2

11 November

●1日／紅茶の日
レモンを入れたら「レモンティー」、ミルクなら「ミルクティー」、
リンゴなら「アップルティー」と、いろいろ楽しめます。
●7日／なべの日
家族でなべをつつくと、楽しくてとてもおいしいですね。
●23日／外食の日
外食は、いつもと少し違う雰囲気で、ワクワクするもの。

□イチゴの作つけ期
■サツマイモの収穫期
■もちゴメの収穫期

プランターに腐葉土と土を入れて
育てて、収穫してみましょう。

P09-3

12 December

●11日／胃腸の日
「12と11（胃にいい）」のごろ合わせから。胃腸を壊すこと
なく、食べ物をいつもおいしくいただきたいものですね。

●24日／クリスマス・イブ
～25日／クリスマス
いつもより豪華な雰囲気で、ごちそうをいただきましょう。

P09-4

1 January

●7日／七草
七草がゆで、おなか休めをしましょう。
●11日／鏡開き
鏡餅を小さく切って、おしるこなどにして食べます。甘くて、
体が温まって、幸せな気持ちになれます。
●17日／おむすびの日
阪神淡路大震災の際、「おむすびの炊き出し」が人々の助け
になった経緯から、震災の発生日が記念日。

P09-5

2 February

●3日／節分
豆をぶつけて、鬼を退散させましょう。
●14日／バレンタインデー
大好きな男の子にチョコレートをあげます。
●21日／食糧管理法公布記念日
“国民食糧の確保および国民経済の安定を図る”意図で、「食
糧管理法」が公布されました。
●28日／ビスケットの日
ビスケットは補食の役割を果たしてくれます。

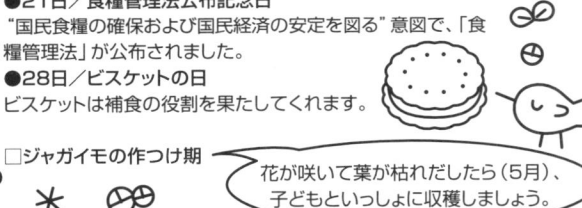

□ジャガイモの作つけ期

花が咲いて葉が枯れだしたら（5月）、
子どもといっしょに収穫しましょう。

P09-6

3 March

●3日／ひな祭り
あられやひしもちを食べて、「桃の節句」を祝いましょう。
●10日／ミントの日
「3と10」のごろ合わせから。スーッとする感じが、気持ち
良い。
●16日／十六団子
だんごを16個お供えして、神様を迎える行事。東北地方に残っ
ている風習です。

4月 おたより文例＆囲みイラストデザイン

P10-1

新しい年度が始まります

ご入園・ご進級おめでとうございます。子どもたちは、これから園で出会う友達や先生に、胸をときめかせていることでしょう。体調を崩すこともあると思います。でも、なんでもモリモリ食べ、体調を整え、元気に園に来てください。園は保護者の方と協力していきたいと考えています。

P10-2

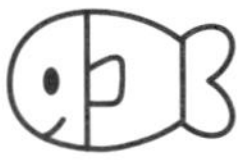

食育＝食事の自己管理能力を養う教育

子どもたちが自分自身で健康を守り、健全で豊かな食生活を送るための能力、つまり「食事の自己管理能力」を育てるのが「食育」です。「食の崩壊」と言われている昨今、「食育」の重要性が見直されています。そして何より「楽しく食べられる」ようになってほしいと願っています。

P10-3

“食育”のすすめ

食事を通して情操面や知能面を育てる“食育（食教育）”。特に幼児期は、食習慣を身につける大切な時期ですから、園とご家庭の連携で、子どもへの食育をすすめていきましょう。

P10-4

いっしょに料理を

おうちでもできるだけいっしょに料理をしてみましょう。家事や調理の手伝いに興味をもった子どもは、苦手な魚・野菜料理にも関心をもって、食べる機会と量が増えると言われています。また、親子間の交流にも役立ちます。

P11-1

快食・快眠・快便

　朝食をしっかり食べると“ウンチ”が出やすくなって、一日を元気に過ごせます。規則正しい生活リズムを身につけて、元気な体をつくっていきましょう!

P11-2

味覚を左右・五原味

　食べ物には“五原味”と呼ばれる味があり、それぞれ甘味、うま味、塩味、酸味、苦味として知られています。中でも、人間が本能的に欲する味は、甘味、うま味、塩味の三つです。塩味は塩化ナトリウムなどミネラルの味として、うま味はアミノ酸などのタンパク質の味として、そして甘味は糖などのエネルギー源の味として重要です。(※「辛味」は“味”ではなく“刺激”として分類されることが多いようです)

P11-3

三大栄養素

　「炭水化物」「脂質」「たんぱく質」の三つは、まとめて“三大栄養素”と呼ばれています。

炭水化物:パワーの元になります。筋肉を動かすエネルギーとなり、また脳のエネルギーのほとんどを賄います。
脂質:肉・魚・油脂に多く含まれていて、脂溶性ビタミン(A・D・E・K)の吸収を助けてくれます。
たんぱく質:体をつくります。皮膚・骨・筋肉・髪の毛・血のほか、臓器や細胞をつくる材料になります。

P11-4

お弁当が始まります

　園ではお弁当が始まります。楽しい雰囲気の中で良い習慣を身につけて、好き嫌いを少なくするなど、目的をもって始めたいと思います。また、気をつけてほしいこととして、なまものは避けましょう。副食は、栄養バランスを考えて入れてください(野菜、魚など)。

5月 おたより文例＆囲みイラストデザイン

P12-1

5月5日は“端午《たんご》の節句”

5月5日のこどもの日には、こいのぼりを立てて、武者人形を飾り、“ちまき”と“かしわもち”を食べますね。“ちまき”には、ちまきを毒ヘビになぞらえて、それを食べることで免疫力がつき、悪病災難の憂いを除くという意味があります。また“かしわもち”には、カシワの木は新芽が出るまで古い葉が落ちないことから、子孫代々栄えるようにといった願いが込められているのです。子どもの健やかな成長を願う気持ちは、今も昔も変わらないのですね。

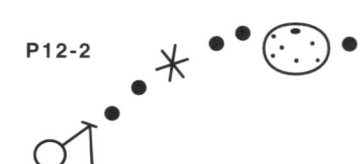

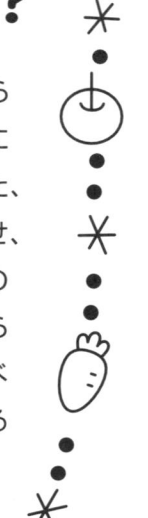

P12-2

みんなの体は何でできている？

人の体は、食べ物を元につくられます。ですから、購入する食材には気をつけたいものですね。また、子どもみずからに料理経験をさせ、「自分の体をつくる元は目の前の食べ物なんだ」ということを、知らせてあげてください。あそび食べや好き嫌いなど、悩みを解決する糸口になるかもしれません。

P12-3

おかずはごはんといっしょに食べよう

ごはんとおかずをいっしょに入れて、口の中で混ぜ合わせながら食べることを“口中調味《こうちゅうちょうみ》”と呼びます。これは、古くからの日本独自の食べ方です。最近では、欧米型食文化の“ばっかり食べ”（おかずばっかりを先に食べる食べ方）をする子どももいるようですが、口中調味には「ご飯の量で味を調整して、濃い味に慣れない」「脳を活性化させる」などの利点があるようです。

P13-1

身体計測

体重は標準かそれ以上で、「あまり食べないのに、栄養は足りているみたい」と思われる場合は、カロリーが間食で賄われているおそれがあります。スナック菓子などでカロリーは十分に賄われますが、必要な栄養素は不足していることがあります。また、濃い味に慣れてしまうのも問題です。

P13-2

肥満が増加傾向

子どもの肥満は、この30年間で実に3倍にも増加しています。肥満傾向にあるようなら、スナック菓子など、高カロリー食のものを控えましょう。ごはんをしっかりかむことで、満腹中枢が満たされ、食事の量が抑えられます。また、「ごはんを少量ずつ、回数を経て食べる」「野菜のおかわりに限定する」なども効果的です。

P13-3

イチゴのできる時季

年中出回っているイチゴですが、本来の収穫期は春です。ハウス栽培でない、太陽の下で育ったイチゴを見ることができる「イチゴ狩り」の経験をするのも良いでしょう。

P13-4

6月 おたより文例＆囲みイラストデザイン

P14-1

食事前に、必ず手を洗いましょう

　ジメジメとしたつゆがやってきました。湿度の上昇するこの季節は、細菌類の繁殖期でもあります。特に食中毒には気をつけたいもの。まずはその防衛策として、手洗いから始めましょう。園では必ず食事前にしています。おうちでもしっかり手を洗っているか、そばで見ていてあげてください。つめの中まで清潔なら、とても好ましいですね。

P14-2

歯科検診を行ないます

　園で歯科検診を行ないます。お菓子ばかり食べていると、虫歯の要因となります。ごはんをしっかりかんで出るだ液は、虫歯予防にも効果的です。一日三度の食事をしっかりとらせてあげてください。

P14-3

つゆどきのお弁当作りの注意点

まないたの洗い方・殺菌方法

- まないたは、表面・裏面・側面をていねいにこすります。
- 包丁でついた傷と同じ方向（平行）にタワシを動かして、傷の中に入り込んだ汚れをしっかり落とします。
- 水で洗剤と汚れをきっちり洗い流してください。
- よく乾燥させましょう。

調理するときのポイント

- よくいためて十分に水分をとばしましょう。
- 火をしっかり通します。
- 前日の残り物は、もう一度火を通してください。

弁当箱に詰めるときのポイント

- 料理をすばやく冷やしてから、お弁当箱に詰めます。
- 手を使わず、おはしで詰めましょう。
- おかずは種類ごとに、アルミホイルなどで仕切りを作ります。

※梅干しやシソ刻みなどを添えると、ごはんが腐りにくくなります。

P14-4

食事後には歯磨きの習慣を

　園では食事の後に歯磨きをしています。ご家庭でも、食事の後の歯磨きを習慣づけるようにしてください。

P15-1

園ではスローフードを心がけています

ファストフードの対義語として、スローフードが流行しています。ゆっくり食べることだけを言うのではなく、調理自体にも時間をかけて、素材の味を十分に引き出すことも指します。ゆっくりと時間をとって、まずは料理を手伝うことから食育に親しみましょう。親子間のきずなも深まるはずです。

P15-2

まもなくプール開きです

園ではまもなくプールが始まります。健康を維持するため、またじょうぶな体づくりのために、なんでも食べるようにしましょう。

P15-3

孤食を避ける工夫を

一人で食べる食事は、食育の観点からだけでなく、心身の発育盛りにある子どもにとって大きな不安要素です。
できるだけ家族みんなで食卓を囲むようにしましょう。

P15-4

スプラウトを育てています

カイワレダイコンやブロッコリー、モヤシなど、新芽野菜を指す「スプラウト」ですが、園ではその栽培を行なっています。ご家庭でも、生長のようすを尋ね、興味を深めるようにしてください。

P15-5

“おやつ”の由来

昔、当時の“八つどき”（現在の14時～16時ごろ）に間食（甘いものなど）を食べていたことから、そのうち“おやつ”と呼ばれるようになったとされています。

7月 おたより文例＆囲みイラストデザイン

P16-1

“夏バテ”に気をつけて 夏を乗り越えましょう

日増しに暑くなってきました。園では、そんな暑さにもめげない子どもたちが、元気いっぱいに遊んでいます。古くは万葉集にも「夏やせ」という言葉が出てくるほど、日本人は昔から「夏バテ」に悩まされてきました。夏バテは、体の消化機能を低下させて食欲不振に陥らせてしまいます。ビタミン・ミネラルの摂取不足が心配されますから、食事には注意してあげてください。食事をおいしく食べるには冷たい炭酸飲料などは、なるべく控えた方が良いでしょう。

P16-2

おいしい夏野菜をたくさん食べよう！

【キュウリ】利尿作用／余分な熱をとる／余分な塩分をとる／のどを潤す
※ほてった体を冷やしてくれます!
【ピーマン】血をさらさらにする
【トマト】食欲増進／余分な熱をとる／のどを潤す
※水分がたくさん含まれています!
【ナス】余分な熱をとる／血のめぐりを良くする／化のうやはれを治める
【レタス】余分な熱をとる／血のめぐりを良くする／化のうやはれを治める／利尿作用
【スイカ】体を冷やす／のどを潤す／利尿作用／むくみをとる／酒毒をとる
【トウモロコシ】胃腸の調子を整える
※タンパク質がたくさん!

P16-3

プール開き

園ではプールが始まりました。体力の消耗が激しい運動ですから、朝食は必ずとらせてください。また、お茶も十分に持たせてください。バナナなどは、消化も早く、運動前に摂取すると効果的な食品です。

P16-4

ドクターからのひと言

しっかり水分補給を

人間はプールで泳いでいる最中も汗をかき続けています。夏場は、30分おきなど、こまめに水分補給を行なうことが理想的です。

P17-1

「スタミナ食品」ウナギを食べて、夏負けしない体づくりを

「スタミナ食品」として有名なウナギには、各種ビタミンが豊富に含まれています。また、「味覚障害」は亜鉛不足が大きな要因の一つとされていますが、ウナギには亜鉛も多く含まれていて、とても優秀な食材と言えます。

P17-2

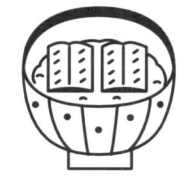

「土用《どよう》の丑《うし》の日」のいわれ

「丑の日に『う』の字がつく物を食べると夏負けしない」という民間伝承がヒントとなって始まったウナギ食。立秋前の18日間で日の十二支が丑である日のことを、土用《どよう》の丑《うし》の日と呼んでいます。猛暑であるこの時期を乗り切るため、食卓にウナギを出し、子どもたちにも十分な栄養を心がけましょう。

P17-3

便秘・下痢に注意

ジュース・アイスクリームなど、おなかの調子を悪くしないためにも量を考え、体調管理をしっかりしてください。また、下痢を起こすと体液のバランスが崩れますので、水分補給が必須です。

P17-4

天然素材のジュース

この季節、子どもが好むジュースですが、糖分の過剰な摂取が気になるところです。100%果汁のものも、意外に糖分を多く含んでいる場合があります。少し薄めるなどの工夫をしましょう。

P17-5

デトックス食材

デトックス食材とは、解毒作用に効果を発揮する食材のことです。人の体内にはふだんの食事を通して、知らない間に有害物質が蓄積されています。デトックス食材は、それらの物質を解毒してくれるものです。

【代表的なデトックス食材】タマネギ（成人病、老化に効果）、ニンジン（成人病、アレルギー、老化に効果）、ダイズ（毒素を解毒）など

8月 おたより文例＆囲みイラストデザイン

P18-1

たくさん運動、たっぷり休み、水分補給

夏本番です。熱中症に気をつけましょう。たくさん運動し、休んで、いっぱい食べ、水分補給をしていると、元気な子どものことですから、夏バテなんて寄りついてきません。夏祭りやプール、レジャーなど、子どもの関心をひくイベントが目白押しの季節です。興味をもたせながら、夜更かしなどはしないように、体調管理に気をつけてください。

P18-2

夏野菜で熱をとりましょう

キュウリ・トマト・ナス・セロリ・レタス・モヤシ・オクラなど、夏の暑い時期に旬《しゅん》を迎える夏野菜は、体の余分な熱をとるものが多いです。

P18-3

冷たいデザート

全部凍らせるだけ！ おうちでやってみませんか?

●果物を凍らせる…
フローズンフルーツ
●ジュースを凍らせる…
ジュースシャーベット
●ゼリーを凍らせる…
ゼリーシャーベット

P18-4

夏バテを防ぐための方法

ジュースや炭酸飲料より、お茶をたくさん飲みましょう。お菓子や果物のとり過ぎにも注意してください。朝食・昼食を抜かないように心がけましょう。

P19-1

朝ごはんを食べて夏バテを吹き飛ばそう

●早寝・早起きで、毎日の生活リズムをしっかりつくりましょう。
●朝ご飯を食べましょう。
●タンパク質・ビタミン・ミネラルを十分にとりましょう。

P19-2

「スイカ」で夏の水分補給

汗をよくかく季節です。水分とミネラルの不足には注意してください。スイカに塩をかけて食べると、とても効果的です。冷やした新鮮な果物で、しっかりと水分補給を。

P19-3

炭酸飲料について

適度の炭酸飲料は、そのさわやかな味わいから、気分を爽快にしてくれ、疲労を和らげてくれるそうです。ただ、飲みすぎると、次のような影響も考えられます。

●**糖分のとり過ぎ**（肥満・虫歯になる、食欲がなくなる）
●**カルシウム不足**（化のうした傷が治りにくくなる、鼻血が出やすくなる、骨折しやすくなる）
●**ビタミンB_1の不足**（疲れやすくなる、集中力が欠けやすくなる）

P19-4

マヨネーズ大好き

サラダにかけて食べるときなどに大活躍するマヨネーズは、油と酢をいっしょにとることができ、疲労回復を早めてくれます。ですが、なんでも“マヨネーズ味”に頼ってしまう傾向は考えもの。子どもの味覚を広げるためには、素材自体が持つ味を理解することも大切。時には量を控えて食べてみましょう。

9月 おたより文例＆囲みイラストデザイン

P20-1

新学期が始まります

　夏休みが終わって、新学期が始まります。いろんなでき事があったことでしょう。また子どもから、たくさんお話を聞かせてもらえるのを、楽しみにしています。もし生活が不規則になっているのなら、毎日の朝食を欠かさないことから、規則正しい生活リズムを取り戻すように努めましょう。

P20-2

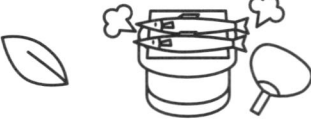

子どもを魚好きに！

　秋サンマなどがおいしい季節です。刺身、天ぷら、タタキ、煮物など、魚の料理方法はたくさんあります。魚の苦手な子どもでも、「つみれ」などのすり身、シーフード料理などは食べやすいでしょう。魚料理を通じて、「焼き魚のコゲには発ガン性物質があり、添えられる大根おろしの消化酵素がそれを消す」などの知識を養うと良いでしょう。

P20-3

お月見を楽しみましょう

　日本では旧暦の8月15日の夜（新暦の9月中旬～10月上旬）を“十五夜《じゅうごや》”と呼び、月見だんごやススキ、サトイモなどを供えて、お月見をする風習があります。このころの月を「仲秋の名月」と呼んで、昔から日本人は「いちばんきれいな月」として眺めてきました。子どもたちの「科学の眼」を育てるきっかけにもなりますね。

P20-4

お茶を多めに持たせてあげてください

　朝晩を通してずいぶん涼しくなってきましたが、日中はまだ気温が上がることがあります。子どもは大人に比べて体温調節機能が未発達なため、脱水症状や熱中症になる危険性があります。「涼しくなってきたし…」と、お茶の量を加減されてはいないでしょうか？　もうしばらくは水筒の中身を多めに持たせてあげてください。

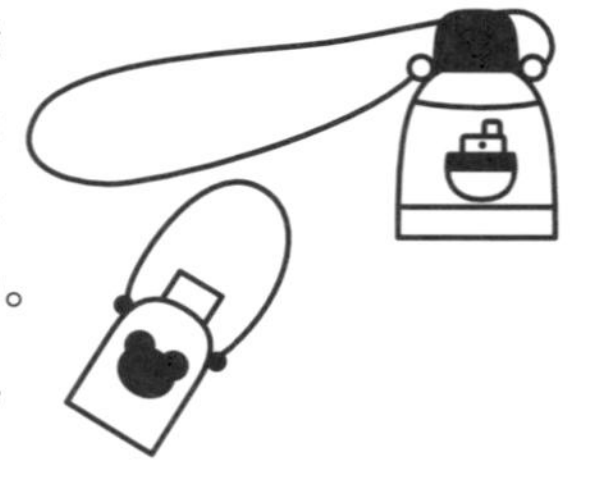

P21-1

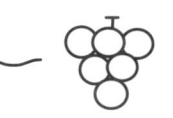

果物を食べましょう

ビタミンCが豊富でおいしい「フルーツ」。収穫時季（目安）を覚えて、実りの秋に旬の果物をたくさん食べましょう。

- **ナ　シ：**7月～10月
- **ブドウ：**8月～11月
- **リンゴ：**9月～12月
- **カ　キ：**10月～12月

P21-2

子どもの魚嫌い

多くの子どもは「魚嫌い」です。原因の一つとして、家庭で魚を食べる機会が減ったことが挙げられます。料理するのも食べるのも少しめんどうな“お魚”ですが、世界的に評価されている健康食品ですから、料理方法を工夫して、食卓に出す機会を増やしてください。

P21-3

非常食は用意できていますか

園で避難訓練を行ないました。その際、非常食のレクチャーもしました。ご家庭では非常食を用意されていますか？　いざというときのための大切な食料です。余裕があるうちに準備しておいてください。ペットボトルの水も忘れずに。

【代表的な非常食】アルファ米／カンパン／各種缶詰など

P21-4

クリ拾いを行ないました

園からクリ拾いに行きました。クリ園で借りた火ばさみを使って拾いましたが、子どもたちは、はしゃぎながらイガグリをたくさん集めてくれましたよ。虫食い穴の空いていないもので、できるだけ大きなものを拾うようにしました。ご家庭でクリごはんなどにして食べましょう。

P21-5

読書の秋

読書の秋です。親子で料理本や料理に関連した絵本を見ながら、食について会話を楽しみ、興味をどんどん引き出してあげてください。

10月 おたより文例＆囲みイラストデザイン

P22-1

食欲の秋です

実りの秋、味覚の秋がやってきました。秋の味覚としては、リンゴ、ブドウ、サンマ、秋ナス、などがあります。「秋ナスは嫁に食わすな」と言う故事・ことわざがあります。「ナスの中でも秋ナスがいちばんおいしいので、姑が嫁に食べさせない」といった内容ですが、このようなお話を交えながら子どもの興味を引いて、秋の味覚を楽しみましょう。

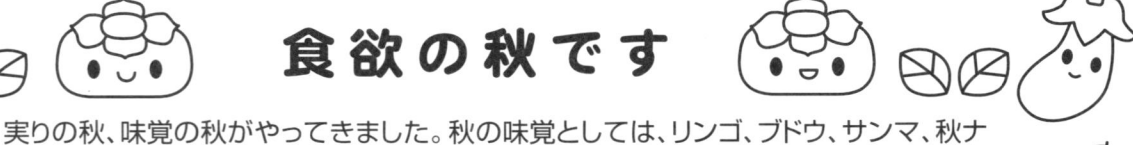

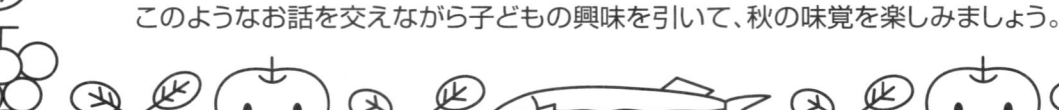

P22-2

サンマにはEPAとDHAがたっぷり

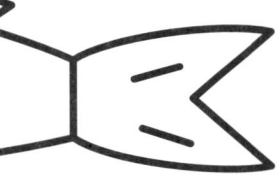

EPA 抗血栓作用があり、血をサラサラにします。

DHA イライラを抑えます。精神の安定効果や、疲れた目をいやす効果に優れています。また、記憶学習能力を高める効果も持つと言われています。

P22-3

10/10は“目の愛護デー”

ビタミンA・C、カロチンを多く含む食材など、目に良い物を食べましょう。ブルーベリーなどに含まれるアントシアニンも目に良いとされています。

P22-4

ベリー類でかぜ予防

目に良いと言われるブルーベリー。ベリー類には「かぜ・インフルエンザを予防するパワーもある」と言われ、また感染してからでも、その悪化を抑えることが期待できるとのことです。

P23-1

イモ掘りへ行きます

自分で掘ったイモを食べることで、食についての見方が広がります。園ではイモ掘りを計画しています。

P23-2

「ごはんを食べてきた」日本の食文化

日本では、昔からたんぼを耕して、イネを育ててきました。稲作は自然の力にその実りが大きく左右されますから、祖先の霊をたんぼの神さまとして信仰するようになったのは、しぜんの流れと言えます。たんぼ・イネにまつわる伝統行事やお祭りは、今も各地でたくさん伝えられています。

イネから作られる「ごはん」は、日本の古くからの食文化なのですね。

P23-3

ごはんのもとは、お米
お米のもとは、たんぼのイネ

稲作の歴史

約2500年前の縄文時代後期に、稲は大陸から日本へともたらされました。稲作はやがて、狩りや漁、採集に代わって、食料生産手段の主役になります。ここから定住生活が始まり、日本独特の風土と文化が生まれました。

P23-4

さまざまなおイモ

肉ジャガに欠かせないジャガイモ（秋作でとれる秋じゃがは、でんぷんの品質が良くておいしい）、焼きイモとして活躍するサツマイモなど、おイモにもたくさんの種類があることを教えてあげてください。またドイツなどは、ジャガイモが主食の国です。そのような海外のおイモ事情も交えてお話ししてあげると子どもは興味をもち、耳を傾けてくれるでしょう。

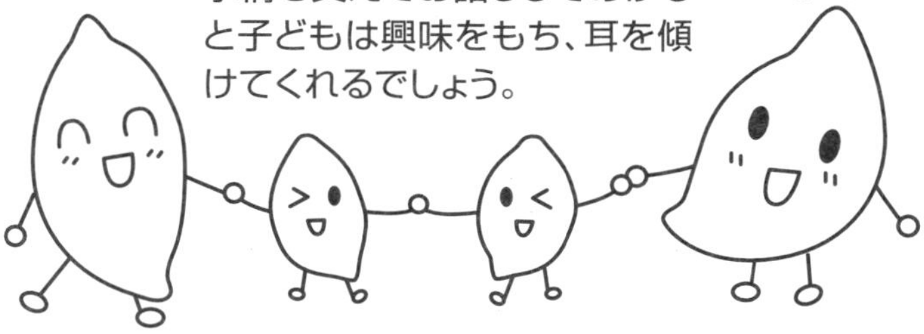

11月 おたより文例＆囲みイラストデザイン

P24-1

寒くなってきました

寒い季節になってきました。「子どもは風の子」と言って、外で遊ばせることは望ましいのですが、やはり体調管理には気をつけてあげたいもの。かぜの原因の多くはウイルス感染です。気温や湿度が低くなる時季には、呼吸器粘膜の抵抗力が弱まって、ウイルスが繁殖しやすくなります。かぜをひかないためにも、タンパク質、脂肪、ビタミンC、ビタミンA、の四つの栄養素をバランス良く摂取するようにしましょう。

P24-2

冬場に野菜をたっぷり食べたい

「煮物」「いため物」「スープ」など、火を通し“温野菜”にして食べてください。火を通すことで野菜の“かさ”が減り、たくさんの量を食べられます。また、食物繊維も豊富に摂ることができます。

P24-3

“カキ”は“海のミルク”

“カキ”がおいしいシーズンです。カキにはグリコーゲン、タウリン、ビタミンB_1・B_2などが含まれ、栄養豊富です。牛乳と同じくらい栄養に優れているため「海のミルク」と呼ばれているんですよ。

※食べ過ぎるとおなかをこわします。

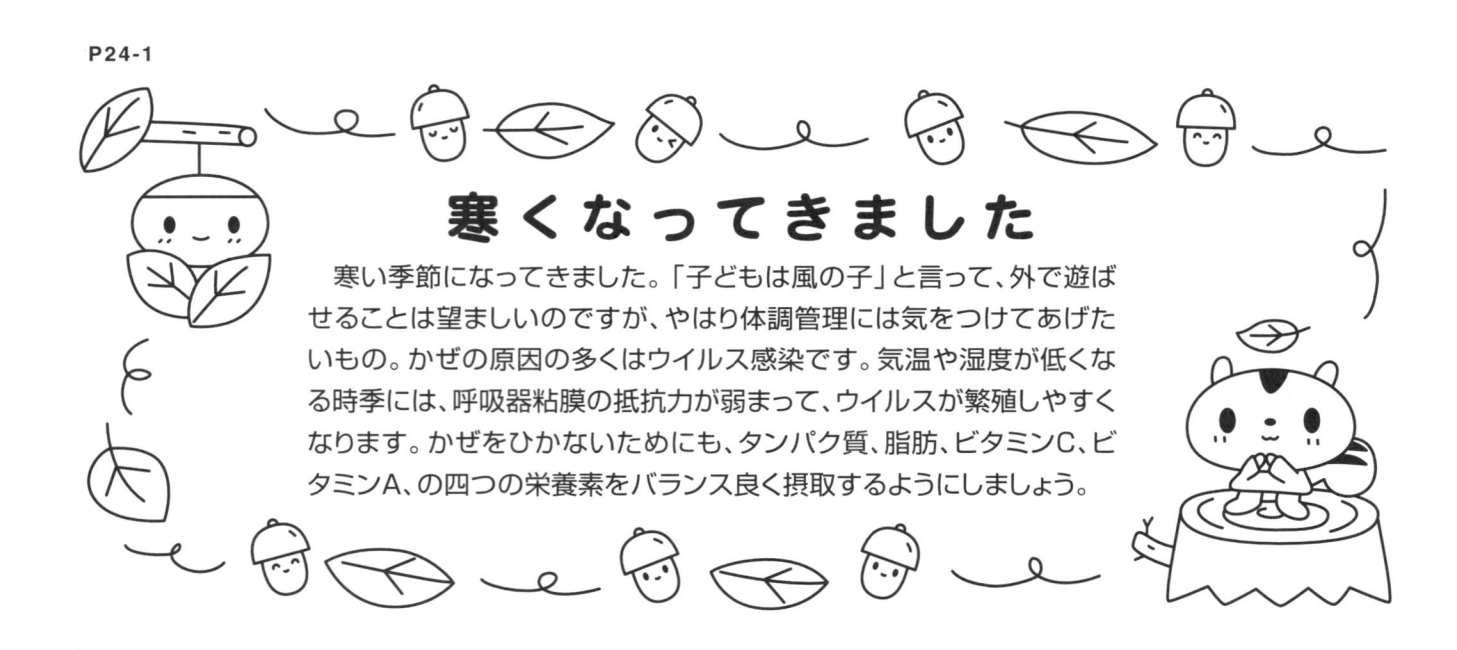

P25-1

左ヒラメと右カレイ

ヒラメの仲間の「寒ビラメ」が旬《しゅん》です。「左ヒラメで右カレイ」と言われるように、一般に頭を上にして黒皮の方から見たとき、目が右にくるのが“カレイ”、左にくるのが“ヒラメ”です。ヒラメは白身魚の中でも低脂肪で、ダイエット効果もあります。また、ひれのつけ根の「えんがわ」は、コラーゲンをたっぷり含んでいて、シミ・ソバカス予防に効果的だと言われています。

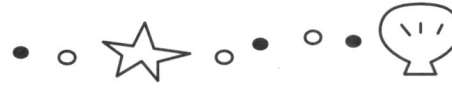

P25-2

石焼きイモはなぜおいしい？

煮たり焼いたりしたサツマイモの甘みは、“βアミラーゼ”という酵素によって、でんぷんが麦芽糖に変化したものです。「石焼き」や「オーブン」で調理することの利点は、ゆっくり加熱できること。長時間、50～75℃で加熱することでよりよく酵素が働き、甘みが増すのです。

P25-3

栄養たっぷりのココア

ココアは「5大栄養素（タンパク質・脂質・糖質・ビタミン・ミネラル）」と、さらに「食物繊維」を含む完全栄養食品です。ココアにミルクを混ぜて飲むと、ミルクが含む「カルシウム」が骨粗しょう症の予防を、ココアが含む「鉄分と食物繊維」が貧血・便秘の予防をしてくれます。牛乳嫌いの子どもでも飲みやすくなるでしょう。

P25-4

栄養満点のカキ

カキがおいしい季節です。色も秋らしく鮮やかで、日本で古くから親しまれている果物の一つです。サラダに入れる、干しガキにするなど、いろいろな方法で食べることができます。日本では現在、渋ガキと甘ガキが約半々の割合で生産されています。

12月 おたより文例 & 囲みイラストデザイン

P26-1

家族でなべを囲みましょう

冬も本番です。園では、寒さに負けず外でたくさん遊ぶようにしています。厳しい寒さは、温かい食べ物で乗りきりましょう。おでん、すき焼き、水炊きなど、なべものがおいしい季節です。カボチャ・タマネギ・ニラ・ネギ・ショウガなど、体がしんから温まる根野菜をたくさん食べながら、家族でだんらんを楽しんでみてはいかがでしょう。元気に登園できるよう、おうちでもいろいろ工夫してください。

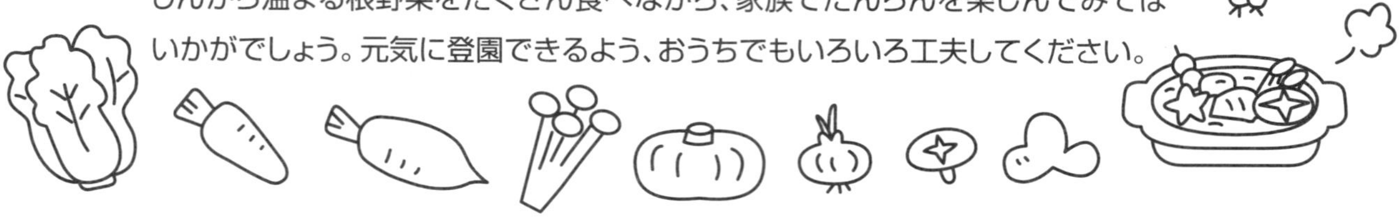

P26-2

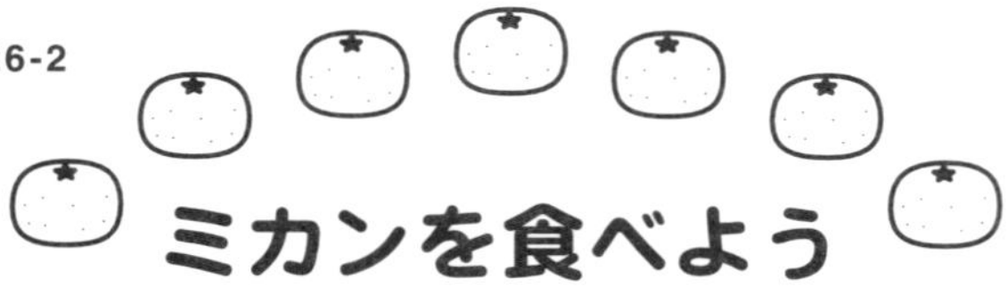

ミカンを食べよう

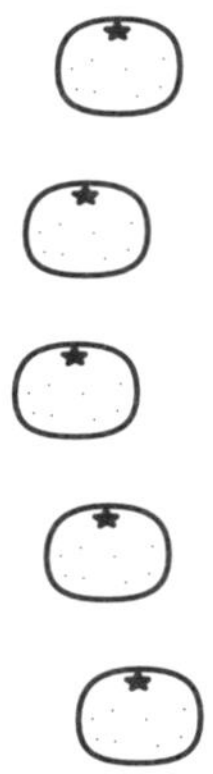

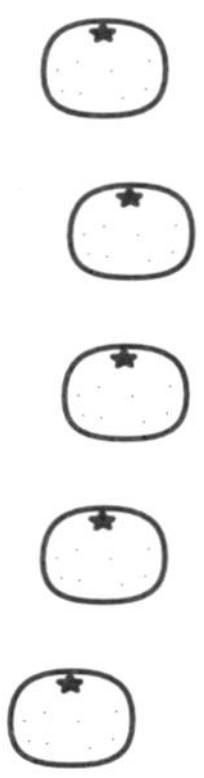

ミカンの仲間は、世界でおよそ900種類もありますが、日本のミカンは、日本独自の品種です。ビタミンCが多く含まれているので、免疫力がアップし、かぜの予防に大きな効果を発揮します。

P26-3

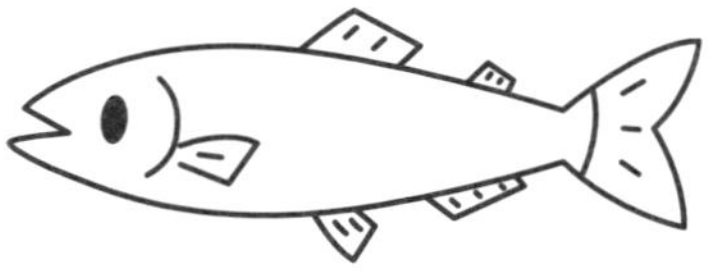

サケとシャケの違い？

「サケ」と「シャケ」。呼び方の使い分けはしていますか？あるテレビ局では、生物としての名前を「サケ」、食品としての名前を「シャケ」と呼び分けているそうです。また、加工する前を「サケ」、加工後を「シャケ」ということもあるようです。

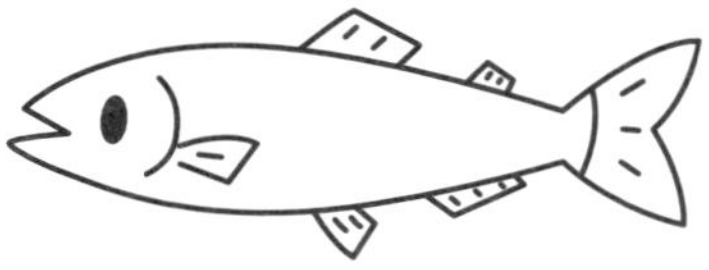

P27-1

ユズのおふろ

冬の寒さに負けず、健康に過ごすために、「ユズ湯」として、ユズをおふろに浮かべて入ります。かぜの防止や肌を強くする効果に優れているそうです。

P27-2

年越しソバを食べる意味

年越しソバで、「細く長く生きること」「人生の長寿と幸福」を願います。

P27-3

冬至《とうじ》にカボチャ

冬至の日に食べるカボチャは、厄よけや病気に効果があると伝えられています。カロチンやビタミンをたくさん含んだカボチャは、ビタミン不足になりがちなこの時季の栄養補給に、昔から欠かせない食べ物だったようです。

P27-4

湯豆腐のおいしい作り方

グラグラ煮ないで、湯温は80～90℃に保ってください。また、湯に気持ちていど塩味をつけると、お豆腐がほどよい固さで、滑らかな舌触りになります。

P27-5

ヌルヌル食品

ヌルヌル食品が、インフルエンザ予防に役立つ食べ物とされています。納豆、オクラ、モロヘイヤ、ツルムラサキ、サトイモ、ナガイモ、大和イモ、ナメコなど、粘りのある食物繊維をたくさんとりましょう。

1月 おたより文例＆囲みイラストデザイン

P28-1

明けましておめでとうございます

新年、明けましておめでとうございます。充実した冬休みを過ごされたことと思います。おうちでは、家族でたくさんコミュニケーションがとれたでしょうか。園ではみんながおもちのような粘りのある、強い精神力をもった子どもになってほしいと考えています。保護者のみなさんから「去年よりも一段と成長した」と実感してもらえるように、よりいっそう努力してまいります。今年も、ご家庭のご協力とご理解を賜りますよう、よろしくお願い申し上げます。

P28-2

鏡もちのいわれ

鏡もちの飾りにはそれぞれ意味があります。

●裏白／「長寿と夫婦円満」
●コンブ／「喜ぶ」
●ダイダイ（ミカン）／「代々栄える」
●くしガキ／「幸運を取り込む」
●ユズリハ／「家系が絶えずに続く」

※関西のある地方では「先祖代々（ダイダイ）、ニコニコと仲睦まじく（串ガキが両端に2つ、少し間をおいて中に6つ付いている）、よろ“こぶ”（コンブ）ことが、“重なり”ますように（モチを重ねる）」と言って、飾るそうです。

P28-3

おせち料理の意味

黒豆／「毎日を“マメ”で元気に過ごす」
田作り／「豊作を祈る」
昆布巻き／「毎日の健康をよろ“こぶ”」
レンコン／「先々の見通しが利くように」
などなど。

P28-4

おかゆを食べて体調を整えましょう

年末年始は、ごちそうがたくさん。胃の調子を整えるためや厄よけのために、1月7日にはセリ・ナズナ・ゴギョウ・ハコベラ・ホトケノザ・スズナ・スズシロの七草を入れる「七草がゆ」を食べます。15日の「小正月」にも、おかゆをいただきます。このおかゆには、アズキを入れる地方が多いとされていて、「アズキがゆ」とも言われています。ぜんざいやおしるこの所もあるようです。

P29-1

1月11日"鏡開き"

飾っておいた鏡もちを
おしるこ・ぜんざいなどに
して、家族で食べましょう。

P29-2

ダイコンから タクアン

日本の伝統食品として、漬物があります。ダイコンならタクアン、そのほかナス、キュウリ、ハクサイなど、野菜をぬかに漬けるところを見せるのも良いでしょう。また、ごはんにみそ汁・漬物は、とてもバランスの良い食べあわせです。

P29-3

旬《しゅん》の食材を積極的に食べましょう

日本の四季と四季折々の旬《しゅん》の食べ物は、体とおおいに関係しています。春には山菜などの苦い食べ物を食べて、陽気からくるのぼせを防ぎます。夏にはキュウリやウリ・スイカなど、水分の多い野菜や果物が体の熱をとってくれます。秋は、脂肪分の多いラッカセイ・クリなどの木の実や魚類で冬の寒さに備え、冬野菜は体を温めてくれるのです。

P29-4

「秘密の手紙」を書こう！

ミカンの汁で紙に絵や文字を書くと、「秘密の手紙」が出来上がります。持って帰って、おうちの人といっしょに火であぶり出してみましょう。

P29-5

たき火

昔はよく見られた光景ですが、最近では防災の観点からあまり行なわれなくなりました。火を使ってイモを焼くなど、子どもの勉強になることがたくさんあるたき火です。もしそのような機会があれば、参加させてあげてください。

2月 おたより文例＆囲みイラストデザイン

P30-1

節分で家族間のコミュニケーション

2月は「節分」の行事があります。「福は内、鬼は外」と声を出しながら、お面をかぶった“鬼”に豆をぶつけて、玄関から家の外へ。豆を自分の年の数だけ食べると、1年間は無病息災で過ごせると言われています。このような行事の際にぜひ、子どもとのコミュニケーションを図りましょう。日本の伝統や風習を通じて、感性を養ってもらいたいものですね。

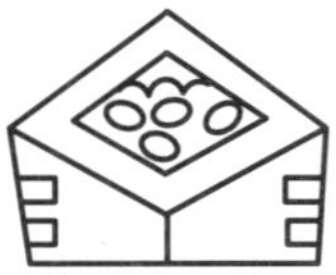
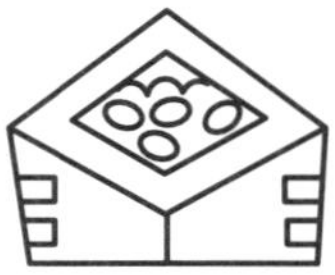

P30-2

豆まきをしましたか

節分でまく豆は、おなかをかなり膨らませます。食べ過ぎには注意をしてください。

『豆にもいろいろあります』

・**ダイズ**／色別に黄ダイズ、黒ダイズ、青ダイズがあります。
「**黄ダイズ**」＝主にみそ、納豆、豆腐などの加工品にもなります。
「**黒ダイズ**」＝黒豆です。おせち料理に使われます。
「**青ダイズ**」＝きな粉や煮豆にされます。
※ほかにも豆には、**アズキ**、**ソラマメ**、**インゲン**、**キントキマメ**など、いろいろあります。「豆は畑のお肉」と言われるくらい、たくさんの栄養が詰まっていますよ。

P30-3

かぜが流行しています

かぜをひかないために、帰宅直後に必ず手洗いとうがいをし、適度な水分をとらせてください。のどの乾燥も、かぜをひく要因の一つです。

P31-1

温かい食べ物

朝食で温かい食べ物をおなかに入れると、ポカポカしたままで登園できます。スープやみそ汁など、温かい汁物は、おなかの中から体中を温めてくれますよ。

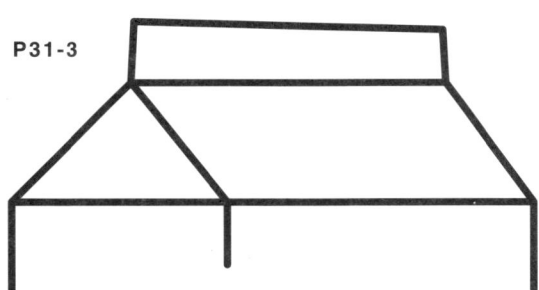

P31-2

やけどに注意

冬には、やけどをしてしまう熱いものが子どもの身のまわりに増えます。沸きたてのやかん、おみそ汁、カップラーメン、スープなどに気をつけてあげてください。

【やけどをしたら……】○なるべく早く冷水に当てて、20分ほど冷やし続ける／○（冷やし終えた後は）小さなやけどなら、清潔なガーゼを軽めに当ててあげる。大きなやけどなら、濡れタオルを当てたまま（かかりつけの）病院に行く／※服の上からやけどをした場合は、服を着たまま冷水に当てる。慌てて服を脱がせて傷を広げないでください。

P31-3

リサイクルをしていますか？

リサイクルのようすを子どもに見せることで、環境に対する考え方が深まります。例えば飲んだ後の牛乳パックをよく洗います。洗った後は、切り開いて乾燥させ、何枚かまとまったら束ねて近くの（回収所の設置されている）スーパーなどに持って行きましょう。

P31-4

寄生虫に注意

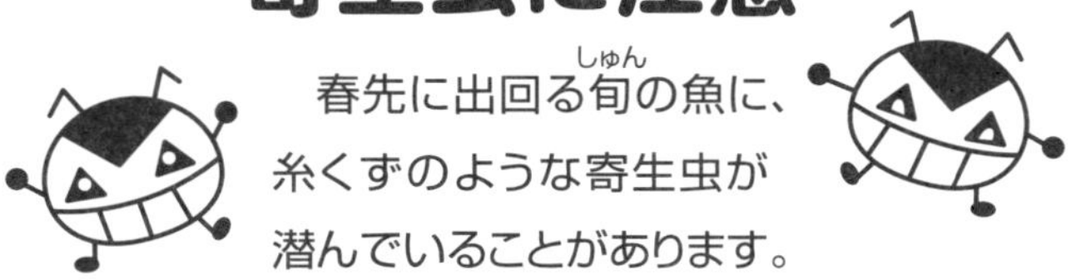

春先に出回る旬《しゅん》の魚に、糸くずのような寄生虫が潜んでいることがあります。十分に加熱してから食べましょう。

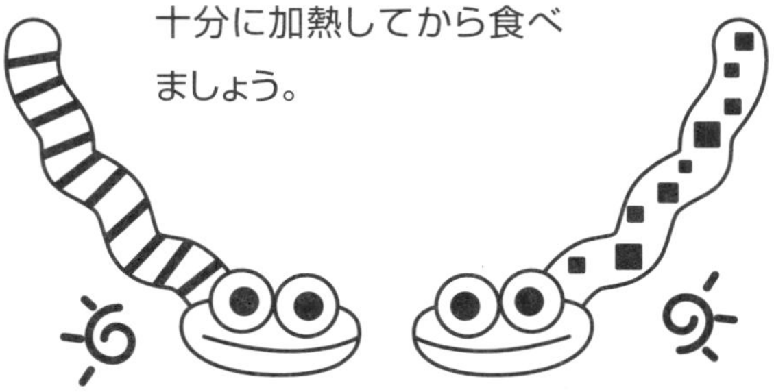

3月 おたより文例＆囲みイラストデザイン

P32-1

1年も終わりに近づき…

1年も終わりに近づきました。4月に比べて子どもたちには、たくましさと頼もしさが備わってきたように感じる今日このごろです。3月には、「桃の節句」があります。きれいなひな人形を飾って、白酒やひしもちなどをお供えし、子どもたちの無病息災を祈る行事ですが、子どもを思う親の気持ちは、今も昔も同じですね。

P32-2

ハマグリ料理は煮汁までいただきましょう

ハマグリのエキスに含まれる“タウリン”は水に溶けやすいので、煮汁までいただきましょう。疲労回復を始めとして、貧血・動脈硬化・視力低下の予防や、肝臓機能の向上・神経過敏の改善などに効果があります。質の良いハマグリを選ぶコツは、殻に色つやがある。表面が滑らかで、殻がしっかり閉じている。貝と貝をぶつけると澄んだ音がする。などです。

P32-3

ハマグリ遊び

平安時代の、ハマグリの殻を使った「貝合わせ」。使われる貝はオオハマグリで、たくさん並べた貝殻の中から対を見つけるあそびです。「対になっている貝のみが重なり合う」性質が生かされています。

P32-4

春の山菜がおいしい季節です

フキノトウ・ゼンマイ・ワラビ・タラノメ・ノビル・セリ・ツクシ、など。
春の山菜は、おひたしや天ぷらなどにして食べるとおいしいですよ。

P33-1

“ひなあられ”の歴史

野外で神様を祭るときの、保存食として作られたのが始まりと言われています。春夏秋冬を表す「桃色・緑・黄・白の4色」が元々の色だったようです。

P33-2

“ひしもち”のいわれ

色の順は、たいてい下から緑・白・桃色の3色。ひしもちは昔、緑と桃色の部分に薬効成分のある“ヨモギ”と“クチナシの実”が使われていました。桃色のもちは「健康の祝い」、白いもちは「清浄の表し」、緑の草餅は「春先の芽吹き」から「もえる若草」をたとえていると言われています。

P33-3

“ひしもちサンド”を作ってみましょう

白い食パンの間に、赤いハムと緑のレタスを挟んだサンドイッチを、「ひしもちの形」に切るだけで、楽しい雰囲気になります。おうちでいっしょに楽しく作ってみましょう。

P33-4

花粉症の子どもが年々増えています

数種類の花粉が原因で、鼻炎や結膜炎などの症状を引き起こす花粉症患者は、年々増えてきています。花粉の種類としては、春にスギ、ヒノキ、夏にイネ科の花粉、秋にはキク科の花粉と、年中その存在が確認されていますが、やはり春の飛散シーズンがもっとも症状が深刻です。

「花粉症に効果を発揮するとされる食材（個人差があります）」

●**シソ**／鼻の炎症を和らげ、鼻詰まりなどに効果があります。シソエキスをじょうずにとれるように心がけてみてください。

●**甜茶《てんちゃ》**／ヒスタミンの放出を抑えて、鼻水や目のかゆみを防ぎ、鼻詰まりにも効果的。中国南部から広がったお茶です。

※ほかにも、**ユーカリ・ヨーグルト・緑茶**などに、効果が確認されています。

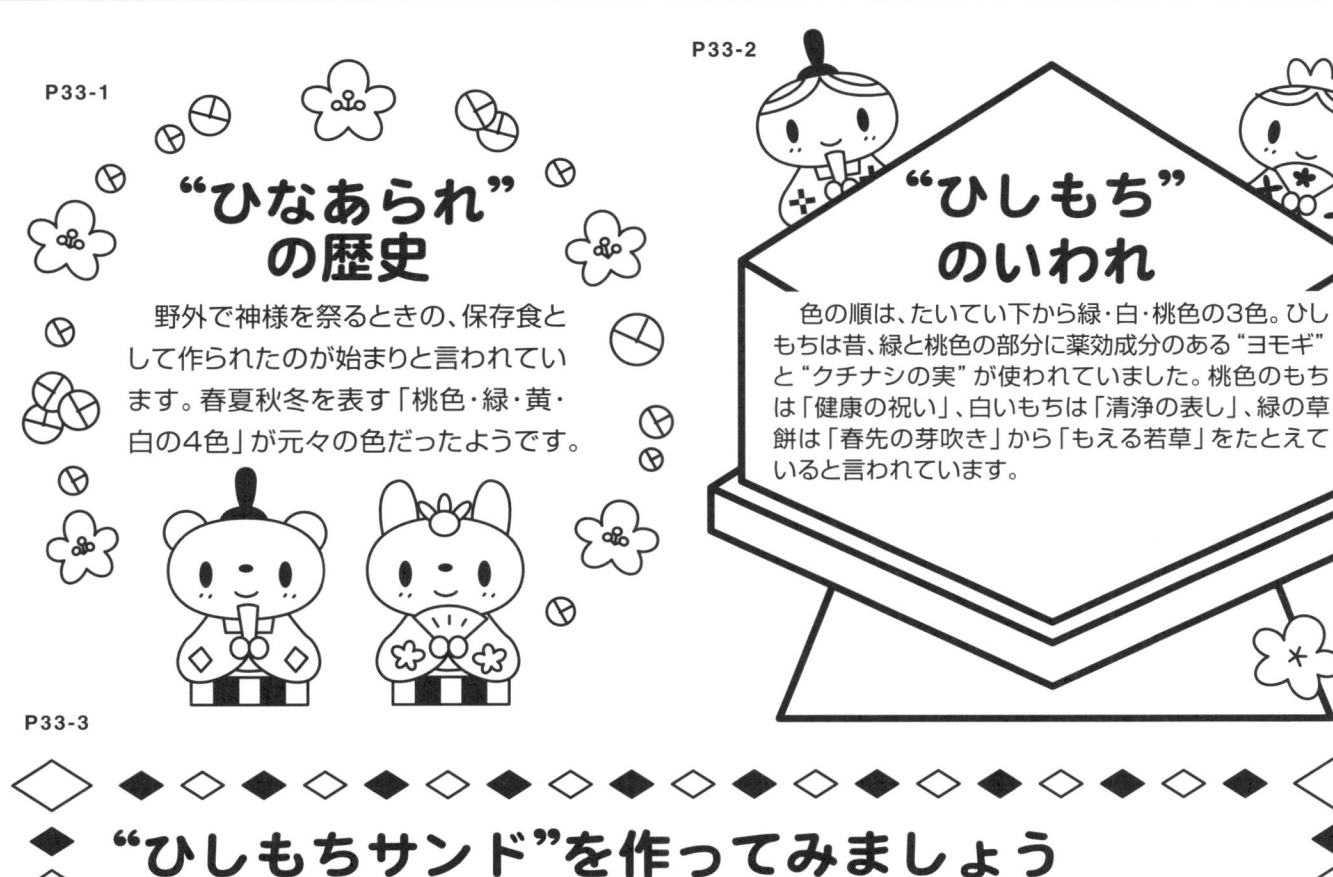

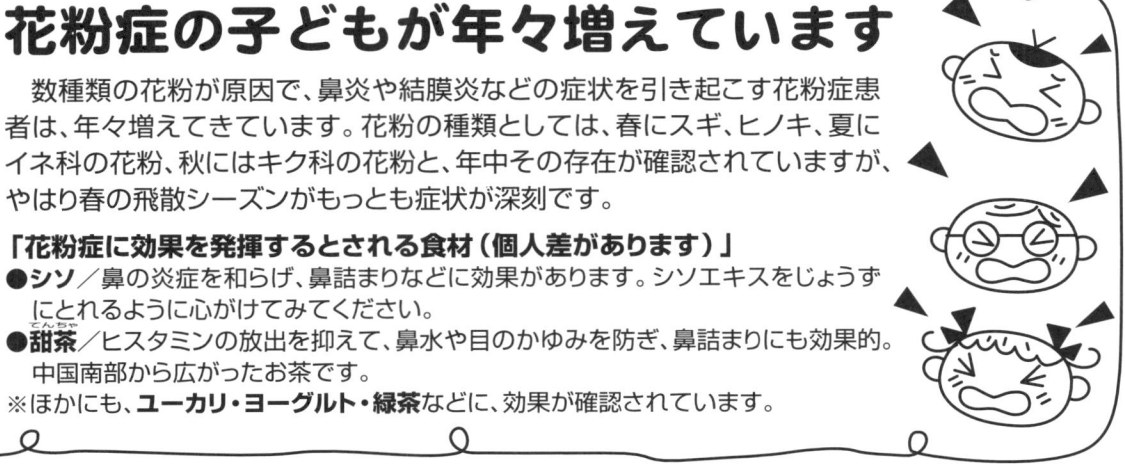

食べる前にやってみましょう

食育なぞなぞ

P34-1

P34-2

NO.1

食育なぞなぞ

あるのに 「ないよ」って
いう くだもの なあに?

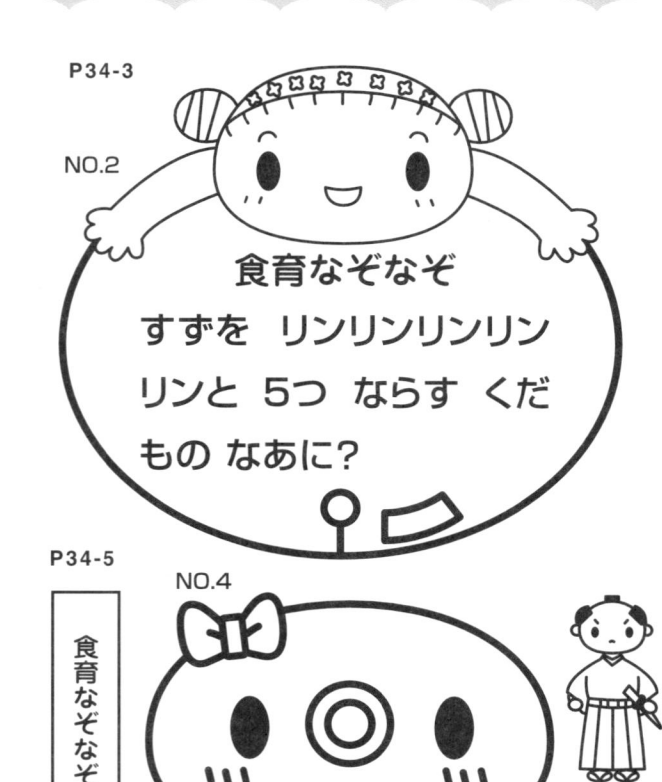

P34-3

NO.2

食育なぞなぞ

すずを リンリンリンリン
リンと 5つ ならす くだ
もの なあに?

P34-4

NO.3

食べ物なぞなぞ

あんこで おなかが いっぱ
いの おさかな なあに?

P34-5

NO.4

食育なぞなぞ

かわかして けずったら「ぶし」
になる おさかな なあに?

P34-6

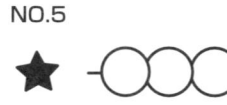

NO.5

食育なぞなぞ

おなかに あなの あいた ごえん
だまのような おかしって なあに?

P34-7

NO.6

食べ物なぞなぞ

たまごで つくる「め
だま」って なあに?

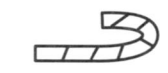

NO.7　いっしゅうかんで ふつかかんしか たべられない くだもの なあに?

NO.8　そらから ふってくるものと おなじなまえで おこめからできる おかしって なあに?

NO.9　まえからいっても うしろからいっても おなじなまえの やさいって なあに?

NO.10　ボウルに もられているのに「おさらだ!」っていう りょうり なあに?

NO.11　おとが なっていないのに なっているような なまえの たべもの なあに?

NO.12　はが くさくなる やさいって なあに?

NO.13　しるものりょうりを すくう ねこのような なまえの どうぐ なあに?

NO.14　かゆくないのに 「かゆい!」っていう かぜのときに いい たべもの なあに?

NO.15　9(きゅう)かい みてから のむ のみもの なあに?

NO.16　はっぱも ねも くきも ないのに「くき」っていう おやつ なあに?

解　答

NO.1　ナシ（梨）。

NO.2　リンゴ（“リン” が 5 かい）。

NO.3　たいやき。あまくて おいしい おやつです。

NO.4　カツオ。かつおぶしは とうふに かけたり おこのみやきに かけたり。いろんな つかいかたが あります。

NO.5　ドーナツ。あなから むこうがわを のぞいてみる!?

NO.6　めだまやき。とても えいようが あります。

NO.7　スイカ（月“火水”木金土日）。

NO.8　あられ。にほんの おやつですね。おちゃと いっしょに たべましょう！

NO.9　トマト。みずみずしくて のどが うるおいます。

NO.10　サラダ。にくを たべたら やさいも とりましょう。

NO.11　パン。みんなの あさごはんは パンかな ごはんかな?

NO.12　ハクサイ(歯クサイ)。ホントは くさくならないネ!

NO.13　おたま。みそしるを かぞくみんなのぶん すくってあげましょう。

NO.14　かゆ。かぜを ひいたら おかゆを たべて ふとんで やすんでおきましょう。

NO.15　ミルク(“見る”を 9 かい)。ミルクを のむと ほねが じょうぶになります。

NO.16　クッキー(茎)。クッキーには たくさん カロリーが あります。

P35-1

親子でいっしょに！　子どもに教えてあげましょう！

食・育・ク・イ・ズ

P36-1　NO.1

食育クイズ

紙パックにある“牛乳の目印”を答えましょう。

P36-2

食べ物クイズ

NO.2

イカの足とタコの足を足すと、合計何本になる？

P36-3
NO.3

食べ物クイズ

“五原味”（味の名前のこと）を全部答えましょう。

P36-4　NO.4

食育クイズ

“セルロース“ “ペクチン” “キチン”のことをまとめてなんと呼ぶ?

P36-5　NO.5

食育クイズ

山イモのかゆい成分“アセチルコリン”。入ってないのは?「トマト、スイカ、ナス」?

P36-6

NO.6

食育クイズ

“3大栄養素”を答えましょう。

NO.7　「スローフード」って、どこで生まれた言葉?

NO.8　食パンにあるものはどれ?「口、目、ほっぺ、耳、髪」

NO.9　イモは、日光の下で干すと、味がどう変わる?

NO.10　「いただきます」「ごちそうさま」のときは、手をどうする?

NO.11　野菜、魚、肉のうちで、うろこのあるものは?

NO.12　和食の基本的な献立の名前は?

NO.13　おやつは何時に食べるもの?

NO.14　食中毒を防ぐ3原則を答えましょう。

NO.15　鉄分は牛乳の500倍、カルシウムはコンブの2倍も含まれる食べ物は?

NO.16　涙の出ない、タマネギの料理方法って、どんなもの?

解答

NO.1　牛乳500mℓ 以上の紙パックには、空け口の対の場所に“切欠《きりか》き”と呼ばれる欠け部分があります。お年寄りや目の不自由な人にも、触るだけで「牛乳だ」とわかるように、工夫しているのです。

NO.2　イカの足10本とタコの足8本で、合計18本！ 体がとても柔らかく「軟体動物」と呼ばれます。

NO.3　甘味、うま味、塩味、酸味、苦味の五つ。舌やほおの内側にある“味らい”と呼ばれる器官の中にある味細胞が、電気信号に変えて脳に味を知らせてくれます。子どもたちがいろんな味を体験することは、脳にもよいと言えるでしょう。(※「辛味」は“味”ではなく“刺激”として分類されることが多いようです)

NO.4　食物繊維。人の持つ消化酵素で消化されない成分です。腸内にある乳酸菌などの善玉菌を増やす働きをしてくれます。エネルギー源にはなりませんが、便の量や排便回数を増加させるなど、体調を整える作用に効果を発揮します。

NO.5　スイカ。アセチルコリンは神経伝達物質で、神経刺激に関係する大切な役割を果たします。

NO.6　糖質、脂質、タンパク質の三つ。人が生きていくために必要な働きをしてくれます。エネルギーの元になるものは、糖質と脂質。体を作る元になるものは、タンパク質。

NO.7　スローフード運動（ゆとりの食ライフスタイル）の発祥地はイタリア。ファストフードに対しての言葉です。質の良い素材を提供する「小生産者」を守る、という目的もあります。

NO.8　耳。パンの耳は、焼くとこうばしくて、おいしい！

NO.9　甘くなる。イモのおいしさと栄養成分が凝縮されます。

NO.10　両手をぴったりと合わせる。

NO.11　魚。

NO.12　“一汁二菜”と呼びます。ごはんと汁物、主菜（魚や肉などのメイン料理）と副菜(煮物などの野菜料理)のこと。

NO.13　午後の2時から4時ごろ。これは、もともと“八つどき”（これが、今の午後2時から4時ごろ）に食べたことから、「おやつ」と呼ばれるようになりました。間をとって「3時のおやつ」！

NO.14　（細菌を）「つけない（清潔）」「増やさない（迅速・温度管理）」「やっつける（加熱）」。

NO.15　ヒジキ。貧血に有効な鉄分ですが、ヒジキの鉄は吸収されにくいので、野菜をいっしょに食べると、ビタミンCが摂取効果を高めてくれます。

NO.16　涙の原因は、揮発性が高く目に刺激を与える「硫化アリル」という成分。でも硫化アリルには不眠症や食欲不振のほか、さまざまな効果を発揮するので体にとってはありがたい成分です。切る前に10分ほど冷凍庫で寝かせると、この成分も凍り、涙が出にくいようです。

必ず朝ごはんを食べましょう

朝食にまつわるおたより文例

P38-1

朝食＋バナナ1本

「国民栄養調査」などの機関によると、日本人の朝食欠食率は増加傾向にあります。欠食の理由は、「朝の時間不足」「食欲がない」など。子どもも朝食を必ずとるようにし、さらにバナナ1本を加えて食べると、朝から、より元気よく、健康的に活動できます。

P38-2

朝食の生理的役割

朝食の主な役割は、昼食までの活動を支える「エネルギー源」の供給です。活動を支える脳には、朝食の糖分によるエネルギー供給は欠かせません。また、睡眠中に下がった体温を高め、脳や体を刺激してくれます。

P38-3

朝食をとるコツ

寝ている間に消化されて、朝食前には胃の中が空になって空腹感が起こります。胃は目よりも30分程度遅く目覚めるとされていますから、起床～朝食までの時間を空けることが、朝食をとるコツです。

P38-4

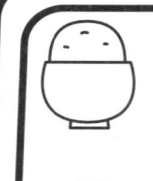

理想の朝食

メニュー／ごはんにみそ汁、ノリに生卵、納豆など、「日本旅館で出るような定番朝食」が理想です。パン・コーヒーでは栄養不足ですので、卵料理と生野菜を加えるなどの工夫をしましょう。

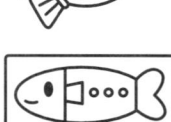

考え方／速やかにエネルギーを補給できる「糖質」、体温を上昇させる「タンパク質」を摂取するようにしましょう。また、胃腸の働きを良くするために、食物繊維が補えればなお良いです。

P38-5

「朝食抜き」の習慣

子どもの「朝食抜き」は、大人になっても続く習慣とされています。幼いうちから朝食をとる習慣を身につけることが大切です。

P38-6

朝食を食べないと…

朝食を食べてこない子どもは、脳と体に栄養が行き届きません。園での活動に支障が出たり、イライラしやすく、友達とけんかすることもあります。

P39-1

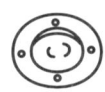

朝食は「4品以上」

朝食には、「主食・主菜・副菜・汁物」の計4品以上をとりましょう。

P39-2

ごはんでスタミナづくり

あそびや運動には、スタミナが重要です。このスタミナをつけるためには、肉からタンパク質をとるよりも、ごはんから炭水化物をとる方が好ましいと知っていましたか？ 炭水化物からスタミナあふれる体をつくることを、「炭水化物貯蔵法（カーボローディング）」と呼んで、スポーツ界で主流になっています。

P39-3

炭水化物の働き

ごはんなどの炭水化物は、すぐに消化され、ブドウ糖となって血液により全身に行き届く特長があります。脳や筋肉、臓器のエネルギーになる、「ガソリン」の役割を果たすのです。

P39-4

体内時計

人は生まれつき「体内時計」を備えています。24.2～24.6時間の周期で、光のない真っ暗やみの中での生活でも、睡眠・覚せい・体温などのリズムが維持されているのです。ですが、やはり朝の太陽で目覚めて、夜に寝る習慣の方がとても健康的なのです。

P39-5

ごはんにみそ汁

ごはんに不足している栄養素「**リジン**」は、ダイズのタンパク質で補えます。「ごはんとみそ汁」は、最高の組み合わせなのです。

※**リジン**／食品から摂取しなければならない「必須アミノ酸」の一つ。体の成長、組織の修復、抗体・ホルモン・酵素を作り出すのに必要です。

P39-6

朝ごはんをおいしく食べるためにも

快眠しよう

早起きして、朝食をきちんととるためには、快眠が必要です。夜更かしをしていませんか？ きちんとパジャマに着替えて、布団でぐっすりと眠れていますか？ 寝ているときには、虫歯菌も動き出すので、寝る前の歯磨きも忘れないようにしましょう。

P40-1

深夜のテレビ

朝の欠食、遅い夕食、深夜まで見るテレビやゲームなどが、体内時計を狂わせます。早寝早起きを心がけ、朝食をしっかり食べて規則正しい生活習慣を身につけましょう。

P40-2

朝食と五感の関係

朝食を食べるとき「今日のごはんは白いなあ」「今日のごはんも柔らかいかな」「おいしそう」など、いろいろなことを感じたり考えたり、またにおいをかいだり、そして味わったり。朝食をとることで、視覚・嗅覚など五感が働き、体がすっきりと目を覚ますのです。食卓での会話もとても重要です。

P40-3

一日のスタート

朝食をとると脳は活発になり、また体も活動をできる準備が整います。逆に朝食抜きだと、たとえ目が覚めていても、体は鈍く脳はぼんやりした状態が続いているものです。「頭スッキリ、体ゲンキ」で一日をスタートするために、早起きしてしっかり朝食をとりましょう。

P40-4

ドクターからのひと言

朝食は、みんなで楽しくしっかりと

子どもの食事は、ただ食べれば良いと言うものではなく、誰と時間を過ごして、どれだけ楽しく食べられたかが大切です。一日のスタートとなる朝食ですから、家族みんなで楽しくしっかりと摂りたいものですね。

P40-5

快便しよう

朝食をしっかり食べると、ウンチが出やすくなって、一日を元気に過ごせます。「快食」「快眠」「快便」で、元気な体づくりを心がけましょう。

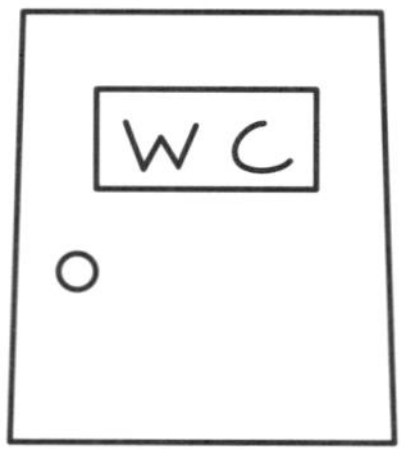

P41-1

腸の調子を整える

昨今、ビフィズス菌を増やすオリゴ糖が注目されています。腸内細菌のバランスを調子良く維持してくれて、腸の環境を整えてくれるのです。

朝ごはんを食べて腸を健康にしましょう。

オリゴ糖を多く含む食品

ゴボウ・アスパラガス・タマネギ・ダイズ・ハチミツ。また、納豆・ヨーグルトなどの発酵食品。

P41-2

お風呂は食後1時間あけて

夕食後すぐに入浴すると、消化不良を起こす可能性があります。胃腸の「消化」という働きを促すために、1時間はおいてから入浴するようにしましょう。

P41-3

ごはん食とパン食

ごはん食

吸収に時間がかかるため、はらもちが良いごはん食。エネルギーの持久性もあります。みそ汁やのりをいっしょに食べると、不足しがちなミネラルも摂取可能です。

パン食

消化が早いパン食は、即効性のあるエネルギー源。手軽に用意できるのも嬉しいところです。サラダをいっしょに食べるとビタミンもとれます。海藻サラダにすると、ミネラルも豊富にとれますよ。

41-4

朝食を食べる習慣をつけましょう

時間のない中、いきなりきちんとした朝食を作る習慣を身につけることは、とても難しいものです。まずは、せめて飲み物をとる習慣をつけましょう。牛乳、野菜ジュース、スープなど。空腹時は胃が刺激を受けやすいので、胃に優しいものを選ぶようにします。だんだん朝食を食べる習慣が身についてきたらチーズ、ヨーグルトなどの乳製品、おにぎり、パンといったすぐに用意できるものをとるようにします。できるなら洗うだけ、皮をむくだけで食べられる果物や野菜も準備してみましょう。

食育は食べるマナーから

マナーに関するおたより文例など

P42-1

正しいはしの持ち方

1.はしの片方（固定ばし）を、親指の根元に挟みます。

2.薬指を軽く曲げて第一関節を下に添え、親指と薬指で支えます。

3.もう片方のはし（作用ばし）は親指のはらで挟み、中指の第一関節で支えます。

4.作用ばしの支えをしっかりさせるために、小指を薬指に添わせます。

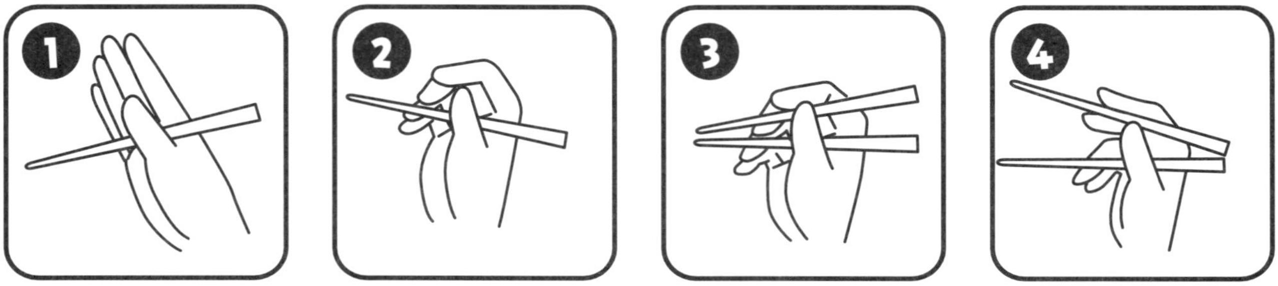

P42-2

はし使いのタブー

はしには持ち方はもちろん、使い方にもマナーがあります。

・刺しばし／料理をはしで突き刺して取る。

・探りばし／料理をかき回し、食べ物を探す。

・迷いばし／料理皿の上ではしを行き来させ、食べ物を迷う。

・寄せばし／はしを使って食器を引き寄せる。

・かきばし／食器の縁に口を添えて、はしで料理をかきこむ。

・なみだばし／はし先から料理の汁を落とす。

・ねぶりばし／はし先についた食べ物の欠片や汁をなめる。

・はし渡し／はしで取った料理を、他者のはしへ直接受け渡す。

P42-3

おはし選びのポイント

「持ちやすくつかみやすい、子どもの小さな手に合ったもの」が、子どものおはし選びのポイントとなります。おはしの長さの目安としては、「親指とひとさし指の先を広げた1.5倍くらい」。材質は竹など滑りにくい素材の物が良いでしょう。

P43-1

おはしの言い伝え

　おはしは昔から、「神様が降りてくる神聖な通り道」とされています。ですから、「亡くなった人の御前に供えるごはんには、はしを立てる」のです。おはしは大切な、料理を食べる道具です。きちんと扱いたいものですね。

P43-2

食べ方のお手本

背筋を伸ばしましょう。

お茶わんをきちんと持ちましょう。

はしを正しく使いましょう。

P43-3

食事マナー

きれいな食べ方は、周囲の人に対しての食事マナーでもあります。

ひじをつかない。

食べこぼさない。

立ち歩かない。

音を立てて食べない。

P43-4

ナイフ・フォーク・はしのマナーもさまざま

　「ナイフにフォーク」だけが、テーブルマナーではありません。和食には和食の、中華には中華のマナーが存在します。はしをきちんと使えない日本人がこの30年間で全体の40%にも増えた事実から考えて、まずは和食のマナーからしっかりと、子どもに身につけてもらいたいものですね。

P44-1

調理体験のすすめ

配ぜんの準備、下ごしらえ、野菜の皮むき、ゴマをするなど、食材を自分で調理することで、食に対する親しみと感謝の念が深まります。ご家庭で食材に触れる機会を、できることから少しずつやってみましょう。

P44-2

「いただきます」の意味

「いただきます」は、ただ「食べます」という意味で言うのではなく、さまざまな動植物の「命をいただきます」という意味も込められています。心から感謝して、食事を始めましょう。

P44-4

食育は幼児期から

安全性や健康などの面から、多くの人が「食育」を意義のあるものだと考えている、とのアンケート結果が挙がっています。食育を始める年代として、トップの割合を占めるのが「幼児期から」。食材の知識やマナーも含めて、今や注目されている教育分野なのです。

P44-3

お手伝い活動の目安

子どもが食事の準備のお手伝いをする年齢の目安として、次の段階が挙げられます。

【3歳児】 おはしやお茶わん・お皿、コップなどの簡単な配ぜん

【4歳児】 自分の分の、食事の盛りつけ

【5歳児】 家族みんなの盛りつけと配ぜん

P44-5

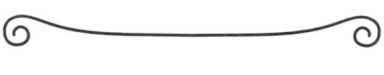

お母さんを待って…

理想の食卓とは、みんながそろって楽しく食べること。テレビを消して、食事を作ってくれたお母さんを待ち、みんなで「いただきます」を言いましょう。

P44-6

マナーは形式でなく、真心で

「ごはんをこぼさないで食べる」「食事のときの礼儀作法」だけがマナーではありません。食材を作ったり届けてくれた人、料理を作ってくれた人に対して感謝の気持ちをもつことが、マナーの根本になります。その真心から、食べ物を粗末にしない精神がはぐくまれるのです。

P45-1

食べ物に対しての気持ち

便利な世の中になりました。電子レンジで食べ物を手軽に調理できます。食べ物に対して感謝の気持ちを抱かせにくい環境ですが、「尾頭つきの魚」を調理するところを見せてあげるなど、加工前の食材に触れる機会を与えてあげたいものですね。

P45-2

「ごちそうさま」の意味

「ごちそう」の“ちそう”は漢字で“馳走”と書き、「馳け走る」といった意味をもっています。食べ物には、食材を育てる人、収集・運搬する人、調理・盛りつけをする人など、たくさんの人がかかわっています。そんな人々の働きに感謝して、心から「ごちそうさまでした」と言うのです。

P45-3

マナーのお手本は周囲の大人

マナーのお手本は、まずは身近な大人です。保護者が正しい食べ方をしていれば、子どもはそれをまねしてくれます。「孤食」は避けたいものです。

P45-4

食器を大切に

和食にはさまざまな色や形、素材から作られた食器が使われますが、子どもにはいろいろな食器に触れる機会を与えてあげたいものです。食器から食文化の奥深さを学べますし、また物を大切に扱う心もはぐくまれます。

P45-5

まちがったはしの持ち方

●握りばし
二本のはしをぎゅっと握る持ち方です。
はしとして機能しません。

●ペンばし
薬指を使わない、鉛筆の持ち方です。
作用ばしが不安定で、はし先がほとんど開きません。

●ひとさしばし
ひとさし指を使わないで、はしから浮かして使います。

●交差ばし
はし先が交差する持ち方。はし先がそろわないので、小さな食べ物（豆など）がつまめません。

食べ方のマナーを身につけよう（ある実践例：3歳児・20名）

保育の中でも、給食やお弁当は子どもたちがとても楽しみにしている時間です。楽しい雰囲気で食べるだけでなく、しぜんと子どもがマナーを覚えられるように、保育者も配慮していきましょう。

P46-1

1 机を並べる

●机をコの字型に並べて、子どもたちが正面から見られる場所に保育者が座ります。

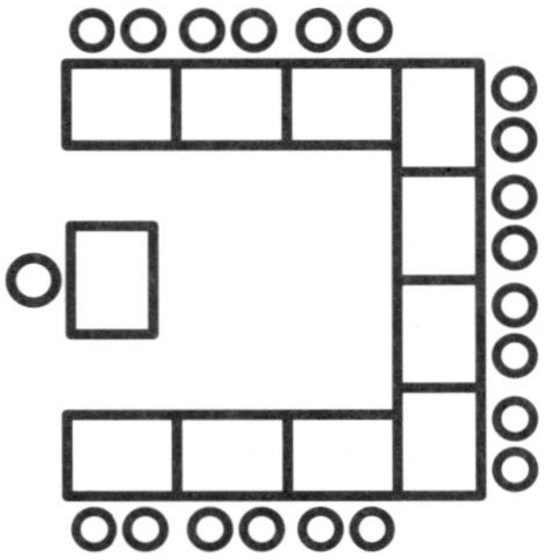

P46-2

2 机をふく

●ぬらして絞ったふきんと、ふきんを入れるかごを用意します。
●最初は保育者が机を隅から隅までふいてふき方を知らせ、慣れてきたら子どもたちにふかせてみましょう。

P46-3

3 給食・お弁当の用意

●机の上にトレイを置きます。ランチョンマットやクロスを敷いてもよいでしょう。その上に、お弁当箱やお皿を並べます。
●ごはんは左側、おかずは右側、おはしは手前側、コップはトレーの上側に置きます。
●子どもたちが並べているか必ず確認をし、できていない子どもには声をかけましょう。

P46-4

4 あいさつをする

ごはんを食べる前に、最終確認をしましょう。

●姿勢は良いか？
●ごはんなどの並べ方は合っているか？
●机とおなかはくっついているか？
●トレイはおなか側にくっついているか？

全部確認できたら、「いただきます」と言って食べましょう。

P47-1

5 食事をする

- お皿やお弁当箱を手に持たずに片手を机の下に下ろしたり、口をお皿やお弁当箱に近づけて食べていないか見て回り、そのような姿を見かけたら声をかけましょう。お皿などが持てない場合は、お皿の端を支えるようにして食べましょう。
- おはしやスプーンを正しく持っていない場合は、最初から無理に持たせず、意識させることから始めましょう。毎日根気良く見本を見せ、意欲がもてるようにします。大人でも正しく持てない人が増えているので、子どものうちからしっかり覚えられるようにしましょう。
- ごはんばかりとか、おかずばかりなど、偏った食べ方をしていないか見て回りましょう。
- ごはんやおかずを最後まできれいに食べるよう、声をかけましょう。

P47-2

6 片づける

- きれいに食べたことを保育者に見せてから片づけをすると、子どもたちのようすが把握しやすいです。
- ある程度の子どもが食べ終わったら、「ごちそうさまでした」をします。

※お弁当の場合は彩りや栄養面を考え、子どもたちが食べたくなるような中身になるよう、保護者にも声をかけていきましょう。
※おはしの持ち方や姿勢は、家庭でも気をつけてもらいましょう。

P47-3

食べ方指導

早く食べ終わる子どもと、食べ終えるのに時間がかかる子どもの対応例

- **全員そろって「いただきます」**

30〜40分間

- 早く食べ終わった子ども／同じ保育室内で席をはなれ、なるべく食べている子どもの気が散らないように絵本を読んだり、簡単なお絵かきをして、静かに遊びます。
- まだ食べている子ども／食事を続けます。

- **全員そろって「ごちそうさま」**

- しばらく、まだ食べ続ける意欲のある子どもの食事を見守ります。（食べ続けるのが無理なようなら残します。特に、体調のすぐれない子どもが無理をしないように）
- 嫌いなものが出たときは「体が大きくなるよ」「速く走れるようになるかも？」などと励ますことも。まわりの子どもたちといっしょに応援しましょう。

- **みんなで机をふいて、机やいすを片付ける**

P48-1

栄養士のひと言

栄養マメ知識

P48-2

● 栄養マメ知識 ●

EPAとは…

正式名称は「エイコサペンタエン酸」です。肝機能を活性化、脂肪を排泄させる働きを発揮します。その結果、中性脂肪やコレステロールを減少してくれます。「EPA」が多く含まれている食べ物は魚です。その中でも特に「イワシ」に多く含まれ、ほかにもマグロ、サバ、ブリ、サンマなどに含まれています。

P48-3

栄養士さんに聞きました

DHAとは

正式名称は「ドコサヘキサエン酸」。頭の中で脳の働きを活発化し、記憶力や学習能力を高める働きを発揮します。DHAは魚（イワシ、サバ、サンマ、アジなどの青魚）にしか含まれていませんから、これらの魚を進んでたくさん食べましょう。

【DHAの主な働き】 子どもの「キレる」行為を抑制／認知症を抑制／動脈硬化に基づく循環器系疾患を予防／ガンの増殖を抑えたり、ガンを予防します。

P48-4

栄養ひとくちメモ
～頭と体によいもの～

DHAとEPAの摂り方

頭がよくなるとされるDHAと、脂肪を少なくしてくれるというEPAは、魚の「皮と身の間」に蓄えられています。生の「お刺し身」で食べると、DHA・EPAをたくさんとれますが、焼いても8割は残っています。ただ揚げ物にすると、DHA・EPAの量が5割も減少してしまいます。

P48-5

食べ物耳より情報

目に良いブルーベリー

ブルーベリーの実は紫色ですが、この色素は「アントシアニン」と呼ばれ、目の疲れをとる効果を発揮してくれます。ブルーベリーが目に良い（物が良く見えるようになる）ことは、広く知られています。

P48-6

醗酵食品を食べましょう

人はアミノ酸の塊

アミノ酸とはタンパク質を構成する最小単位のことです。人間の体をつくるタンパク質は、いくつものアミノ酸が集まってできています。つまり筋肉、内臓、神経や血液までが全部、複雑に絡み合ったアミノ酸の結合体なのです。みそなどの醗酵食品が豊富に含有しています。良質のアミノ酸をたくさん摂取しましょう。

P48-7

食べよう！メモ

小魚を食べよう

カルシウムは骨の発達を助け、骨粗しょう症の予防になります。身の部分には少ないため、シラス干しやつくだ煮など、骨ごと食べられる小魚をとることが好ましいでしょう。

P48-8

食育メモ

海藻パワー

海藻は便秘の予防となる、食物繊維のとても多い食品です。便秘を防ぐことから、大腸ガンの予防にもなります。

食中毒に関する知識

P49-1

● 栄養士からの注意 ●

食中毒を引き起こす、さまざまな菌

「腸管出血性大腸菌 O157」
感染力が強く、少量の菌で感染してしまいます。溶血性尿毒症症候群（HUS）を引き起こすことがあって、潜伏期間が長く、また感染が周囲に広がる危険性もあります。
【主な原因となる食品】食肉、発芽野菜など

「サルモネラ食中毒」
自然界に広く分布していて、身近な家畜やペットも菌を保有しています。低温や乾燥に強く、熱には弱いので、よく火を通すことが大切です。中毒になると、急性胃腸炎を起こしてしまいます。
【主な原因となる食品】食肉、卵など

「腸炎ビブリオ食中毒」
海水や海中の泥に潜み、夏に集中発生します。 熱に弱く、高温・低湿になると増殖が鈍ります。塩水が好きな一方、真水にはめっぽう弱いので、よく洗ってしっかり火を通しましょう。
【主な原因となる食品】魚貝類など

P49-2

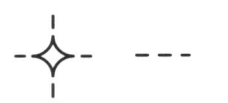

栄養士からの
アドバイス

食中毒対策

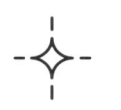

【ふだんからの衛生】
- 調理中は腕時計・指輪などのアクセサリーを外す。
- 調理前やトイレ後などは、手指の洗浄・消毒を十分に行なう。
- つめはいつも短く切っておく。
- 手指に化のうした傷がある人や、下痢・発熱など健康状態の良くない人は調理を避ける。

【台所（調理場）での衛生】
- 調理場をいつもきれいに保っておき、整理整とんを心がける。
- 冷蔵庫内はいつも清潔に保ち、常に適正温度で管理する。
- 食品や食器具は良く洗浄し、保管についても衛生面に気をつける。
- 材料は相互汚染しないように、種類ごとに分けて保管する。
- まないた・包丁の衛生管理（洗浄・消毒・乾燥）に注意する。また、「魚」「肉」「野菜」「調理済食品」ごとに、使用を使い分けると良い。
- フキンは清潔なものを使用する。用途別に使い分けるとなお良い。

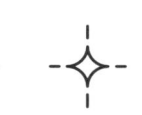

栄養士のひと言

子どもの「食」Q&A

P50-1

子どもの「食」Q&A

Q. 食事に集中しない

A. 食事と食事の間隔を開けてみてください。空腹でない状態で食卓につくと、遊び食べやムラ食いの原因になります。また、間食の与えすぎも原因として考えられます。運動不足も影響します。外で十分に遊んでいますか?

P50-2

● 子どもの「食」 Q & A ●

Q. 忙しいときに手早く栄養を与えたい

A. できあいのそうざいだけでなく、何か1品をプラスしてあげるなど工夫をしましょう。冷凍の食材（カボチャ、インゲン、ポテトなど）も常備しておくとたいへん便利です。

P50-3

子どもの「食」Q & A

Q. 1歳児へのおやつの与え方は？

A. 1歳児に与えるおやつは「補食」と呼び、食事ではとりきれない栄養や食事量を補う目的があります。乳製品、お好み焼きやおイモなど主食代わりになるもの、ビタミン類・水分の補給になる果物など、栄養バランスを考えながら与えてください。

P50-4

● 子どもの「食」 Q & A ●

Q. 野菜をたくさん食べさせたい

A. **【野菜の量】** 生の野菜は“かさ”が多くて、量そのものがあまり食べられません。煮物、あえ物、汁物など、煮たりゆでたりして火を通すと、“かさ”が減ります。

【野菜の種類】 種類をたくさん食べさせたい場合は、和食・洋食よりも、中華料理がお勧め。中華に入っている野菜は、実はバリエーションが豊富なのです。

P50-5

子どもの「食」Q & A

Q. 苦手な「歯磨き」を好きにさせたい

A. 小さな子どもの場合、実際に歯磨きを体験させる前に、絵本やTV番組の歯磨きシーンを見せて、慣れさせておくことで効果を期待できます。またうがいが無理なら、水でぬらした歯ブラシで磨き、最後に口の中の水を「ゴックン」と飲み込んでも良いでしょう。

P51-1

子どもの「食」 Q & A

Q. 子どもにとって危険な肥満タイプ？

A. 心配な肥満タイプとして、3歳～5歳くらいで徐々に太り、また太っているために運動嫌いになって、どんどん太り続けていくパターンが挙げられます。このような太り方は「大人の肥満」につながりやすく、将来的に成人病を引き起こしやすい体質になる恐れもあります。健康的な食事と適度な運動を心がけましょう。

P51-2

● 子どもの「食」 Q & A ●

Q. 子どものためのダイエット方法を教えてください

A. 成長期の子どもですから、大人と同じダイエット方法をとると、臓器や骨の成長に悪影響を及ぼします。体重が減らなくても、身長が伸びれば肥満ではなくなるのが子どもの特長。体をよく動かし、タンパク質をたっぷりとる食事を心がけて、体重を増やさず背が伸びるように努めましょう。

【こんなちょっとした工夫も効果あり！】

- おやつには、おなかにたまり、糖分の少ないものを与える。（…せんべい、など）
- 食事は汁物から始めさせ、先におなかを膨らませる。（…スープやみそ汁をメニューに！）
- フライパンはテフロン加工ものを選び、なるべく調理で油を使わない。

P51-3

子どもの「食」Q & A

Q. おかずはそっちのけ。ごはんばかりを食べます

A. 主食をしっかり食べていることは、悪いことではありません。解決策としては、「混ぜごはん」「ちらしごはん」など、いろんなおかずを混ぜ合わせたごはんにすると良いでしょう。

P51-4

P51-5

子どもの「食」Q & A

Q. かぜでのどが痛い子ども、そんなときに与える食事の注意点は？

A. かぜの際の食事は栄養面より、高熱で多量に失われた水分が不足しないよう、脱水症状への対処を優先しましょう。数回に分けてお茶などで水分を与えてください。

P51-6

気を遣ってあげたい

アレルギーに関するおたより文例

P52-1

アレルギーの意味

私たちの体には異物（病原体などで、抗源またはアレルゲンといいます）が体に入った時に、その異物を排除する「免疫反応」という生体防御システムが存在します。この免疫反応が過剰に反応し、生体防御の範囲を超えた状態を「アレルギー」といいます。また、本来異物ではない食品を体が異物と判断すると「食物アレルギー」になります。

P52-2

最近のアレルギー事情

卵や牛乳にアレルギー反応を起こす子ども、グミキャンディーなどのゼラチンにアレルギー反応を起こす子どもなど、食生活が複雑化してきたことと比例して、アレルギー事情も複雑になりつつあります。

P52-3

乳製品アレルギーをもつ子どもは

もともと、日本人は乳製品を吸収しにくい腸を備えているそうです。ご家庭のようすを、園までお知らせください。牛乳以外に飲食できる乳製品から模索していきたいと考えています。

P52-4

◇ ♥ ◇ ♥ ◇ ♥ ◇ ♥

アレルギー除去食

卵アレルギーをもつ子どもでも、クッキーなど卵が入っている食品すべてを除去する必要のある子どもから、そのままの卵料理のみを除去するだけでよい子どもまで、そのケースは多岐にわたります。「アレルギー除去食」を考えていらっしゃる保護者の方は、主治医によくご相談のうえ、実行してください。そして、園にもお知らせください。

◇ ♥ ◇ ♥ ◇ ♥ ◇ ♥

P53-1

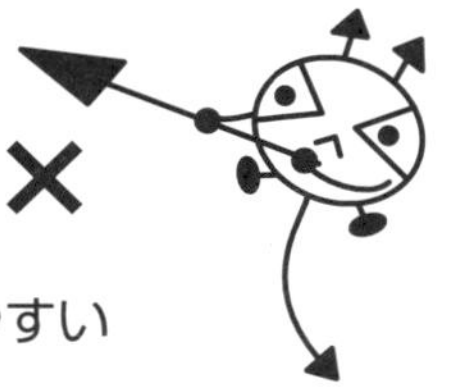

アレルギー物質の表示

重い食物アレルギー症状が起こるのを避けるため、特にアレルギーを起こしやすい物質については加工食品等に表示されます。

【必ず表示される5品目】

卵、乳、コムギ、ソバ、ラッカセイ、は表示が義務化。これらを「特定原材料」と呼びます。

【表示が勧められている20品目】

アワビ、イカ、イクラ、エビ、オレンジ、カニ、キウイフルーツ、牛肉、クルミ、サケ、サバ、ダイズ、鶏肉、バナナ、ブタ肉、マツタケ、モモ、ヤマイモ、リンゴ、ゼラチン。「可能な限り表示しましょう」と推奨された食材で、「特定原材料に準ずるもの」と呼びます。

P53-2

じんましん、など…

アレルギー炎症を抑える「油のとり方」

アレルギー炎症を抑える食のポイントは「油のとり方」です。この点に注意することで、炎症の起こりにくい体にすることができます。

【リノール酸】サフラワー油、ヒマワリ油、ベニバナ油、メンジツ油、ゴマ油、マーガリン、マヨネーズなど

【α-リノレン酸】シソ油（エゴマ油）、海藻類など（※ホウレンソウ、シュンギク、コマツナ、ハクサイ、ダイコンなどの野菜も、少量を含む）

P53-3

アレルゲン

子どもが「かゆみ・じんましん」「唇のはれ」「まぶたのはれ」「嘔吐」「せき」などの症状を起こしたときにすぐに対応できるように、前もって医療機関を受診し、個人によって異なる原因物質「アレルゲン」を調べておきましょう。

P53-4

よくかんで食べて アレルギー予防

アレルゲンの多くはタンパク質からできています。つまり、タンパク質が体内で十分に消化されれば、アレルギー反応が起きにくくなるということ。食材をよくかむことで唾液の分泌が促進され、消化力が増すのです。

朝に用意してあげる

お弁当にまつわるおたより文例

P54-1

お弁当アドバイス

子どもが「食べたい」お弁当がいちばん！

むりやり嫌いな物を食べさせようとしてお弁当に入れると、その食べ物といやな気持ちとが連想ゲームのように結びついて、いっそう嫌いになる恐れがあります。できるだけ、子どもが「食べたい」という気持ちをもってもらえるようなお弁当が作れたら、好ましいですね。

P54-2

お弁当のおかずメモ

タンパク質のおかずと、野菜のおかずを両立させましょう。肉・魚・卵などのタンパク質のおかずを1品、ブロッコリー・ニンジンなどの野菜のおかずを1品の、合計2品が基本になります。栄養の不足分はおやつや夕飯で補えば良いので、栄養バランスに過敏になりすぎることはありません。

P54-3

P54-4

[お弁当メモ] **お弁当は何色？**

———— 色が多いとおいしそうですね！

彩りが5色（白・赤・緑・黄・茶など）以上そろっていれば、見た目からとてもおいしそうなお弁当になります。

ごはん　リンゴ　トマト　ミカン　玉子焼き　キウイ　ハンバーグ　イチゴ　肉だんご　ニンジン　キュウリ

P54-5

お弁当を楽しくする工夫とヒント

たまには…

型抜きでおかずをくり抜くなども…

例えばハムや卵、チーズを、型で抜くと、とてもゆかいで楽しいお弁当になり、子どもにも喜んで食べてもらえるかもしれません。「きょうのお弁当は、ウサギさんが入っているからね」と、ひと言子どもに言葉をかけて持たせることで、保護者の思いがより伝わるのではないでしょうか？

P55-1

● お弁当についてのヒント ●

お弁当に詰める量

量はちょっと少なめにしてあげましょう。「食べきった!」という達成感を子どもが味わうことが大切で、また自信にもつながります。ふだん食卓で使っている子ども茶わん1杯分を目安にして、お弁当箱の中でごはんとおかずが5:5の割合になるように。

P55-2

お弁当作りのヒント

おかずは ひと口 サイズに

詰める前に、子どものひと口サイズにカットしておくと、食べやすいです。

P55-3

お弁当作りの助言

おかずをじょうずに詰めるには

●バランや仕切り紙を使ってみましょう。紙コップをお弁当箱の高さに合わせてカットし、容器として使うという方法もありますよ。

●ケチャップやマヨネーズなどのソース類は、あらかじめおかずの下に敷くと、「ふたにつく」ことがありません。

●ピックを使って、おかずをまとめて刺しておくことも。

P55-4

P55-5

お弁当を楽しくするウラワザ

子どもの 嫌いな物は

嫌いな食べ物はすりおろして、卵やひき肉料理の中に混ぜてみると、案外うまくいきます。はじめは、そこから。「○○ちゃんニンジンを食べられたね! ほんとうは今日のハンバーグに入ってたんだよ。やったね!」という言葉を、園から帰ってきたら、かけてあげてください。

P55-6

お弁当の注意点

“いたみ”が気になる

“いたみ”が気になる季節の工夫としては…

●ハムやかまぼこなど、加工食品であってもできるだけ火を通しましょう。

●お弁当箱は、ごはんやおかずが冷めてから、ふたをします。

P56-1

現場での実践を家庭に伝えましょう

給食時間等における工夫例

P56-2

●給食で「食育」●

料理の配置とメニュー名を確認

給食の「いただきます」の前には、料理の配置（三角食べを意識しています）とメニュー名をすべて、子どもたちといっしょに確認します。日々そうすることで、食に対する知識を深め、マナーを養えます。

P56-3

給食で食育に取り組んでいます！

給食で「食育」

集団行動の準備段階として

給食時間は、子どもが「遊び食べ」をし始める目安の30分間と決めています。年長のクラスは、小学校への準備段階でもありますから、給食以外にも時間制限を設けて、スケジュールどおりに何かを進める習慣を身につけるように努めています。

P56-4

好き嫌いをなくす、園での工夫例です！

「次はもうひと口」

苦手な食べ物は、無理には食べさせないようにしています。「また今度同じメニューが出たときには、もうひと口多く食べられるようにがんばろうね」と、声をかけています。

P56-5

食育を給食に取り込んでいます！

給食時の配慮

グループ（班）で食べる理由

同じグループ（班）の子どもの「おかわり」を見て、「自分もおかわりしてみよう」と思わせたい意図もあります。何より、みんなで食べる楽しさを感じてほしいです。おうちでも週に1度は!

P57-1

食事と排せつの関連性

食事と排せつの仕組みを図で見せ、ていねいに教えています。毎日、朝食を食べて排せつしてくることの大切さを、子どもたちに徐々に理解させています。

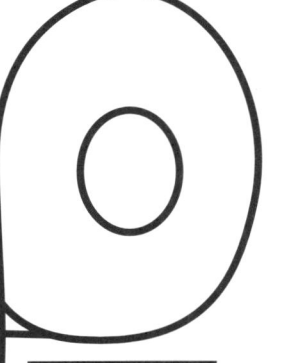

園で食育しています！

P57-2

給食でもお手伝い

配ぜん当番をすることで、思いやりの心と、社会性が身につきます。このような食育の試みを、園でも行なっています。ご家庭でもお願いします。

『給食での「食育」』

P57-3

給食とお弁当について

3歳児以上のクラスでは、月～金曜日が完全給食で、土曜日のみお弁当です。3歳児未満のクラスでは、毎日が完全給食です。このように、クラスごとに給食の配給方法を考えています。

P57-4

楽しい食事のために…

ノーテレビ運動と食事の雰囲気づくり

「ノーテレビ運動」とは、食事中のテレビを消すというもの。親子間の会話が増えることから、子どもの「ながら食べ」防止に効果があるとされています。園でも給食中の、子ども同士の何げないおしゃべりを重要視し、楽しい食事の雰囲気づくりに努めています。

P57-5

給食への園の工夫

※△※○※△※○※

よく咀しゃくできるように

給食の料理の具材は、子どもがよく咀しゃくできるように、例えば煮野菜なら少し固め・大きめに調理しています。

※○※△※○※△※

P58-1

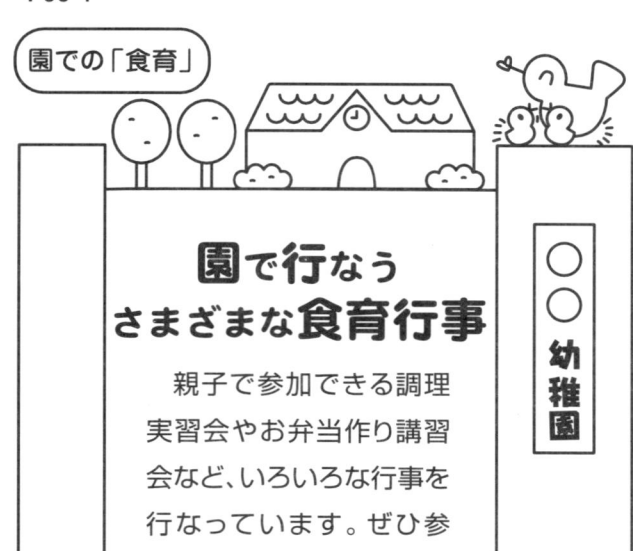

園での「食育」

園で行なう さまざまな食育行事

親子で参加できる調理実習会やお弁当作り講習会など、いろいろな行事を行なっています。ぜひ参加してくださいね。

○○幼稚園

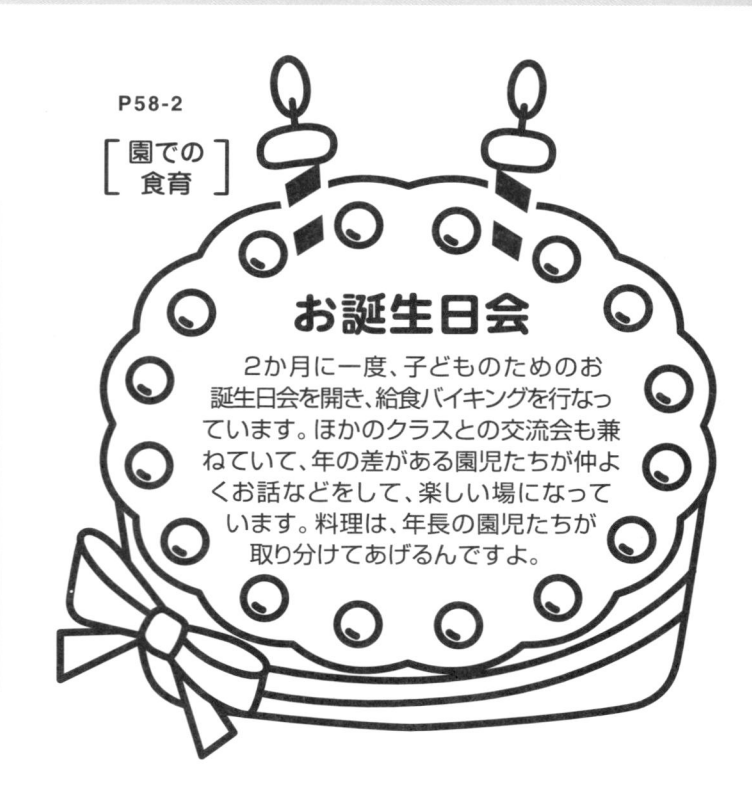

P58-2

［園での食育］

お誕生日会

2か月に一度、子どものためのお誕生日会を開き、給食バイキングを行なっています。ほかのクラスとの交流会も兼ねていて、年の差がある園児たちが仲よくお話などをして、楽しい場になっています。料理は、年長の園児たちが取り分けてあげるんですよ。

P58-3

●園での「食育」取り組み事例●

バイキング形式の昼食会

月に1回、4・5歳児のクラスの交流会として、バイキング形式の昼食会を行なっています。料理をよそうのは保育者ですが、園児に「これが食べたい」など自己主張してもらうことや、もちろんほかのクラスのお友達との交流、また何回もおかわりをできるような工夫などを、毎回試行錯誤しながら進めています。

P58-4

給食参観を行なっています

保護者の方に向けた給食試食会と併せて、子どもたちの給食風景を見ていただく給食参観を年に数度行なっています。ご家庭でも、園での給食の感想などを聞いてみてください。

P59-1

園で食育しています！

園での「食」の学習体験

郷土料理を見たり、田植えの体験学習をするなど、食を取り巻くいろいろな環境にふれています。食の大切さ、広がりを感じてくれているようです。

P59-2

夏野菜を植えています

ナス、トマトなどの夏野菜を5月末に植えて、夏に収穫し、クラスみんなでおいしく食べています。作ったものを食べることで学ぶことは多いです。一度畑をのぞいてください。子どもたちがいろいろ教えてくれると思いますよ。

P59-3

“キンカン”で食育経験

冬には、菜園で “キンカン” が実ります。あらかじめ「キンカンの実は、オレンジ色になってから食べないと、酸っぱいよ」と教えていますが、子どもは気が早く、青い実でも摘んでかじってしまいます。そのときの「酸っぱい」という失敗も、大切な食育経験として園では重要視しています。

P59-4

園での食育実践

野菜を栽培しています

園で野菜を栽培しています。自分たちで植え、育てた野菜は、喜んで食べてくれます。

P59-5

クイズや野菜の観察などで「食育」を

野菜の名前クイズや野菜の観察など。農家からいただいた食材、また食品業者さんから搬入された食材などを、「食育の題材」として利用しています。その方々のお話を聞く機会もつくりました。みんな、興味深く聞いていましたよ。

P60-1

現場での実践を家庭に伝えましょう

調理する側からの工夫例

P60-2

調理室だより

気をつけている細菌類

調理現場では、どんな食材にも、十分に火を通しています。

- ●黄色ブドウ球菌／60度以上で、30〜60分間の加熱
- ●O157／75度以上で、1分間の加熱
- ●ノロウイルス／85度以上で、1分間の加熱
- ●カンピロバクター／60度以上で、1分間の加熱

ご家庭でも参考にしてください。

P60-3

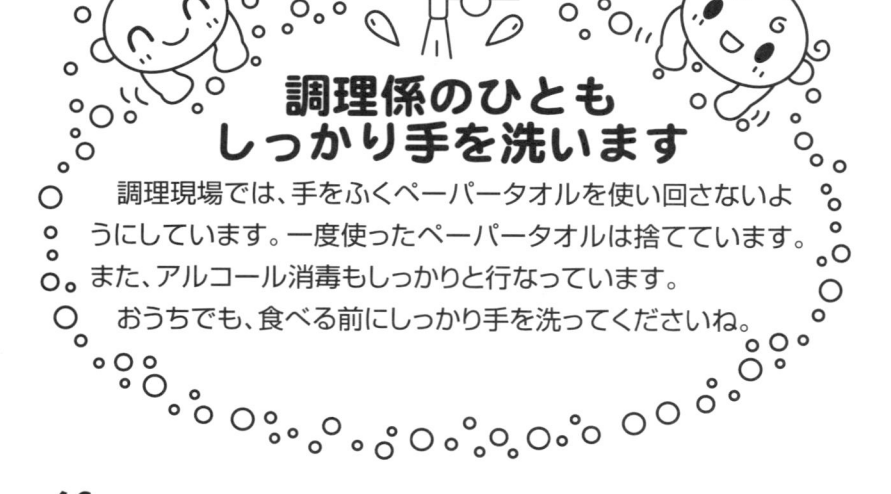

調理係からのお願い

ふたは中身が冷えてから

家からお弁当を持ってくるときは、ごはん・おかず共に冷えてからふたをしてください。これは、菌の繁殖を防ぐための約束事です。

P60-4

調理室より

中心温度管理

調理中、料理の中心温度測定・管理はひんぱんに行ない、菌を滅菌しています。

P60-5

調理室からの声

調理係のひともしっかり手を洗います

調理現場では、手をふくペーパータオルを使い回さないようにしています。一度使ったペーパータオルは捨てています。また、アルコール消毒もしっかりと行なっています。

おうちでも、食べる前にしっかり手を洗ってくださいね。

P60-6

調理室での工夫

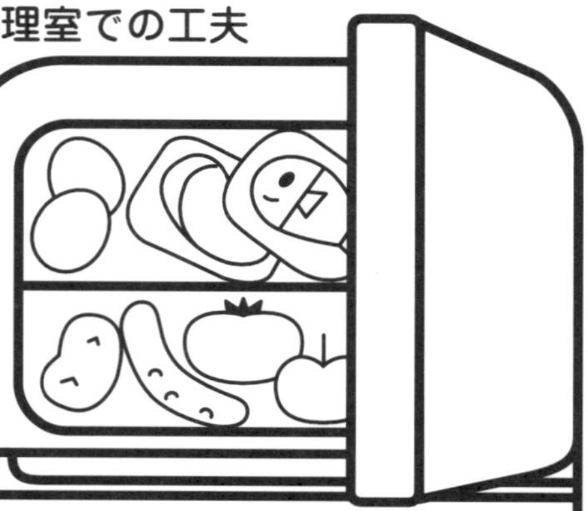

温度管理の工夫

食材を冷やす冷蔵庫の工夫として、中に保管している食品を内部壁面に触れさせないなど、庫内の温度管理には気を遣っています。

P61-1

給食の調理工夫

「食べきった!」完食の達成感

苦手な子どもが多い食べ物は、調理段階で分量を減らしておき、「食べきった」という完食の達成感を得てもらうようにしています。

P61-2

食育メモ

ごはんの甘味を味わいましょう

味覚だけでなく栄養バランスの観点からも、でんぷんを含むごはんの甘味を、子どもには楽しく味わって欲しいものです。よくかんでみましょう。保護者の方も改めていっしょにやってみませんか。

P61-3

塩山《えんざん》式手ばかりの勧め

山梨県内で推進されている食育運動に、「自分の年齢や自分の体の大きさに見合った食事量を視覚的に算出」できる“塩山式手ばかり運動”があります。食事量のはかり方は、自分の手のひらにごはん・めん、野菜や肉をのせるだけ。子どもの場合、ごはん・めんなら両手にいっぱい、薄切り肉なら片手に2から4枚など、自分の手を「必要な食事量をはかるための“ものさし”」として活用するのです。

「毎日野菜を食べない子どもが(塩山市内の小中学生に)50%も居る」(生活状況調査報告書/平成12年度)という現実的な問題を解消するために始まった運動ですが、今では全ての世代で共感・共有できるツールになる、と人々の注目を集めています。

このような食育運動がいま、数多く各地で展開されています。

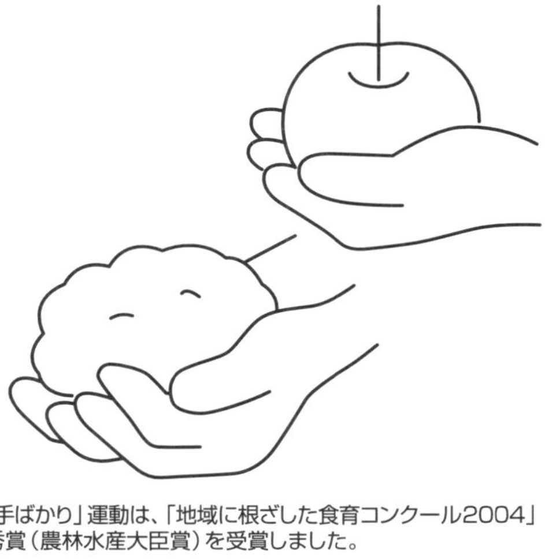

※「塩山式手ばかり」運動は、「地域に根ざした食育コンクール2004」で最優秀賞(農林水産大臣賞)を受賞しました。

参考URL：http://www.city.enzan.yamanashi.jp/
http://www.ruralnet.or.jp/shokuiku/

※79ページ「栄養素グループ表」もあわせてご覧ください。

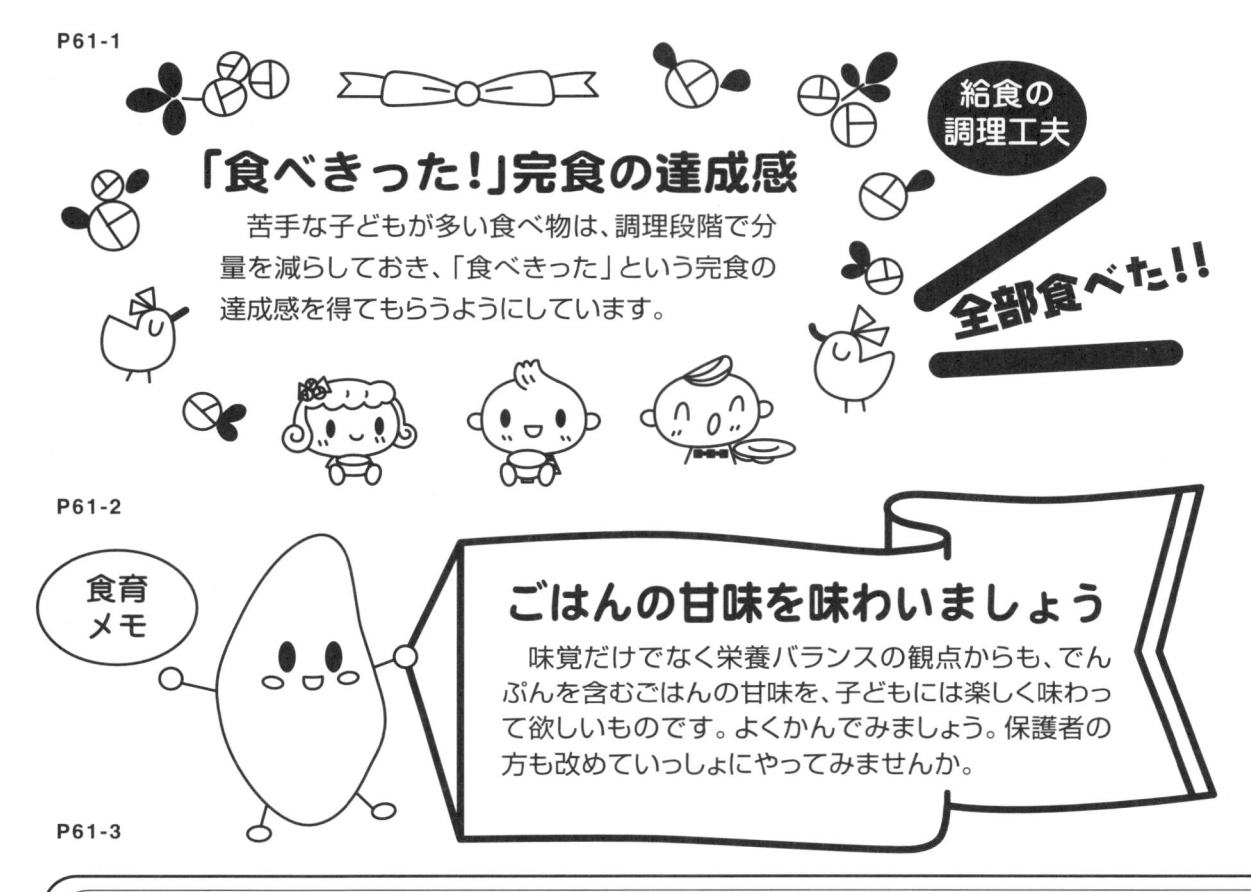

P62-1

給食を食べるようすを見ています

　栄養士が、子どもたちの給食を食べるようすを見て回っています。一生懸命作った給食をみんながたくさん食べてくれると、とても嬉しいものなんですよ。保護者の方と、同じ気持ちです。

P62-2

調理室の
食育実践

「おやつがのせられないね」

　子ども各自が持つ1枚のお皿で、給食と3時のおやつを出すようにしています。「給食を残さず食べないと、このお皿におやつがのせられないね」と言って、できるだけ食べきるように促しています。

P62-3

『調理室
より』

調理体験をさせてあげてください

　家で、お母さんといっしょに調理体験をさせてあげてください。自分で作った料理なら、苦手な食べ物でも進んで食べようとしてくれるものですよ。

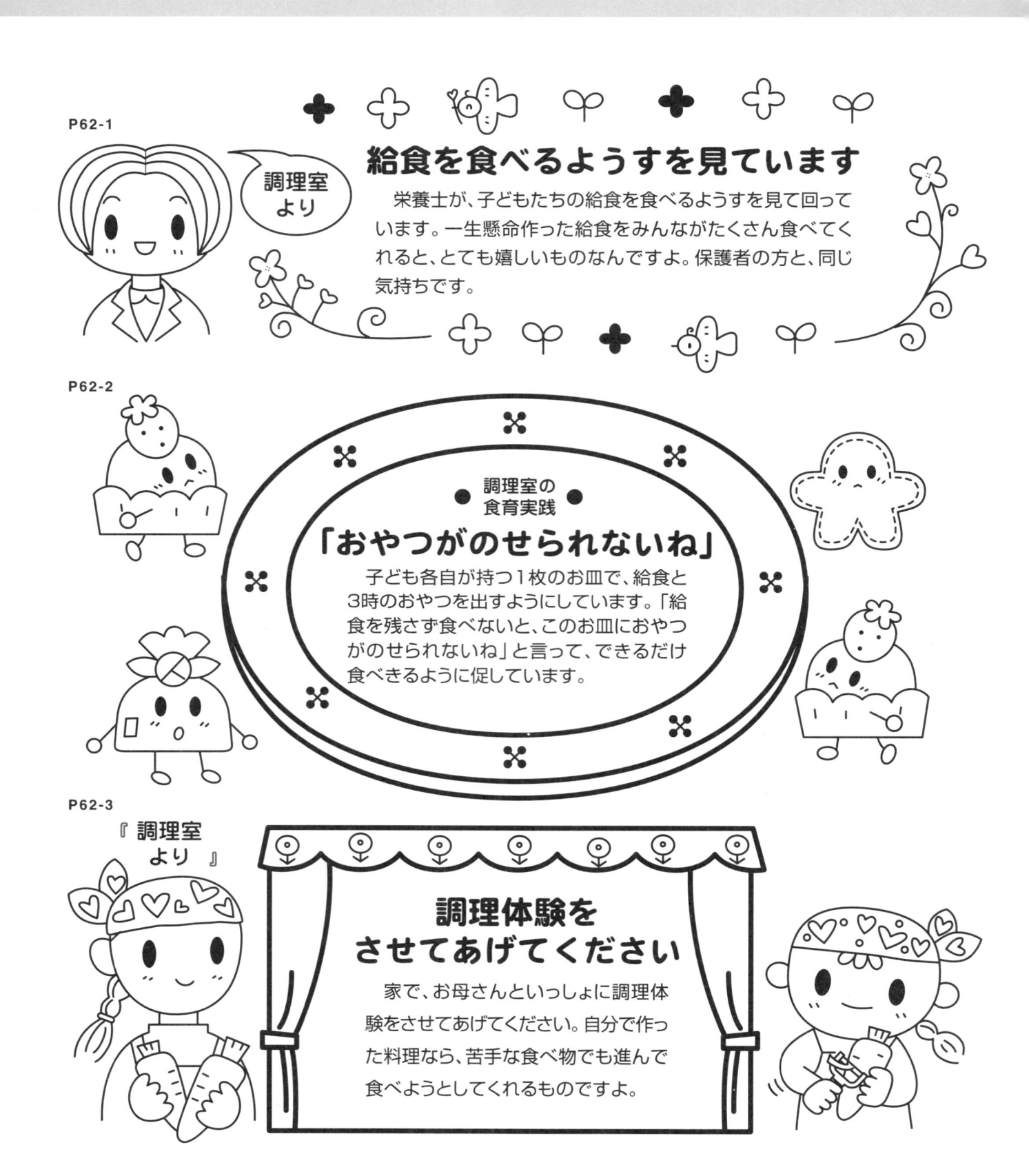

P63-1

調理室の工夫

生野菜は出しません

生野菜は、どんな献立の場合にも出しません。全ての野菜には、焼く・煮るなど火を通しています。

P63-2

調理室での工夫

栄養価の高いスキムミルクを

スキムミルクは栄養価が高いので、園の給食には隠し調味料としてカレー、ハンバーグ、ヨーグルトなどに混ぜ、子どもの栄養バランスの向上をはかっています。

P63-3

● 園での調理工夫例 ●

給食はうす味

園児が濃い味に慣れないよう、また食材自体の持つおいしさを味わってもらうために、料理はうす味にして出すようにしています。

P63-4

● 園での調理工夫例 ●

野菜サラダの隠し味に

マヨネーズであえる野菜サラダに「酢」と「醤油」を隠し味ていどに入れておき、子どもにとって「食べやすい」「おいしい」料理づくりに努めています。

P63-5

調理室のドアは透明に

調理風景を子どもたちに見てもらえるように、調理室のドアを透明にしています。ただよってくる良い匂いに、子どもたちの食欲は増し、また食に対する関心も高まると考えています。

P64-1

育てて、収穫して、食べましょう！

いろんな植物を育て、食べてみる

水やりや草抜きをし、自分で育てるという意識がもて、収穫する喜びが増します。

P64-2

イチゴ

作つけ：11月～12月
収　穫：4月～5月

赤くなっているイチゴを見つけ、「おいしそう」「たべたい」と期待をもつ子どもたち。緑色のイチゴがいつ赤色に変わるのか毎日楽しみにし、しぜんと関心が高まります。

1 育ててみよう

①プランターに腐葉土と土を入れ、一つのプランターにイチゴの苗（2～3株）を植えます。
②イチゴの苗をナメクジなどから守るため、マルチシート（黒いビニール）を掛けます。
③プランターの端をガムテープなどで留め、苗が顔を出すように、その部分だけ切り込みを入れます。
④冬を越すと白い花が咲き、実が少しずつ大きくなります。
⑤後は赤くなるのを待つだけです。

P64-3

P64-4

2 食べてみよう

・とれたてのイチゴを水で洗い、そのまま食べます。葉っぱはとって食べましょう。給食やお弁当の後のデザートや、おやつにしてもいいですね。
・園でとれた新鮮なイチゴを、おみやげとして持って帰りましょう。
・たくさんとれた場合は、イチゴジャムを作ってみましょう。

P64-5

3 みんなでイチゴジャム作りに挑戦

準備物…ホットプレート（または鍋）、ボウル、しゃもじ
材　料…イチゴ（300g）、砂糖（50g）、レモンの絞り汁（1／2個分）

①材料をボウルなどに混ぜ合わせ、しばらく置いておきます。
②ホットプレート（または鍋）に入れ、グツグツ煮込みます。途中、しゃもじで何度も混ぜ、アクを取ります。
③水分がなくなり、トロッとしてきたら出来上がりです。
④給食のパンにつけたり、あらかじめ用意しておいたクラッカーなどにつけて、食べてみましょう。

P65-1

サツマイモ

作つけ：5月～6月
収　穫：10月下旬～11月

　園で育てたり、遠足としてイモ掘りに行きましょう。土の中からゴロゴロ出てくるサツマイモの収穫は、とても楽しいです。大小さまざまな形なのも魅力的です。

P65-2

1 育ててみよう

①深めのプランターや、肥料などが入っていた空の袋を用意します。
②①の中に土と肥料を入れます。
③サツマイモの苗を水平植えします（土地や場所の条件により、斜め植え、船底植え、直立植えなどもあります）。
④プランターの場合は2株くらい。袋の場合は1株植えます。
⑤根づいてきたら、どんどん葉っぱが増えていきます。
⑥雑草を抜きながら軽く土寄せをします。このときつるを引っ張ったり、葉っぱを裏返したりしないように気をつけましょう。
⑦10月～11月ごろになると、大きなおイモができます。みんなで収穫を楽しみましょう。

※サツマイモの育て方については、弊社刊『3歳児の保育資料・12か月』にも詳しく載っています。

P65-3

2 遊んでみよう

　つるで輪を作り、クリスマス間近まで乾かしておくと、かちかちのリースの土台ができます。後は飾りをつけるだけ。ネックレスやブレスレットも作れます。

P65-4

3 食べてみよう

11月

ホットプレートパーティー

準備物…ホットプレート、包丁、
　　　　まないた、はし、皿など
材　料…サツマイモ、バター

①水洗いしたサツマイモを、皮つきのまま5㎜位の厚さで輪切りにします。
②ホットプレートにバターを入れ、溶けたらサツマイモを入れて焼きます。
③サツマイモが柔らかくなったら出来上がりです。お皿に取って、みんなで食べましょう。

12月上旬

焼きイモパーティー

　最近は環境問題や近所に煙が届くなどの理由から、園でたき火をすることが難しくなりましたが、バーベキューコンロを使うなどの工夫をして、子どもたちが焼きイモの体験ができるよう、園の実態に合わせてやってみましょう。

準備物…アルミホイル、紙、トング、新聞紙、
　　　　木（バーベキューコンロを使う場合は木炭）、スコップ、軍手、バケツに水
材　料…サツマイモ

①洗ったサツマイモを水にぬらした紙で包み、その上からアルミホイルで巻きます。
②園庭の1か所に木を集め、周りの安全を確認し、火をつけます（バーベキューコンロを使う場合は、2～3か所で行なってもいいでしょう）。
③ある程度火が収まり、おき火の状態になってきたら、アルミホイルに包んだサツマイモを入れます。
④火の番をしながら、イモの状態を見ていきます（必ず保育者が責任をもって、火のそばから離れないようにします）。
⑤ときどき火ばしでつついてみて、イモが柔らかくなったら火の中からトングで取り出します。少し冷ましてから、ひとりひとりにできたて焼きイモを渡し、いただきます。

P66-1

もち米

作つけ：5月初旬
収　穫：10月下旬～11月

自分の手でもち米を作ってみましょう。自然にふれあい、苗植えから収穫までを行ない、実際に食べることで、食に対する興味・関心を深めます。

P66-2

1 育ててみよう

①バケツや水槽を用意します。土と水を上から5㎝位の所まで入れ、日当たりの良い所に置きます。
②2～3本を1株にして、植えていきます。
③ときどき水を足しながら観察します。
④8月ごろになると穂が伸びて、花が咲き始めます。
⑤しばらくたつと穂の先が垂れてきて、実がつきます。穂が黄色くなり、つまんでみて十分実っていたら、バケツや水槽の水を抜きます。
⑥10日ぐらいたってから稲刈りをします。根本から2～3㎝位の所をハサミで切ります。
⑦刈り取ったイネはひもなどでまとめ、日当たりの良い所で干します。

P66-3

2 脱穀をする

①下に新聞紙やビニールシートを敷き、乾かした稲穂の先を茎から取って集めます。
②ボウルやすり鉢に入れ、野球のボールでこすります（ほかにもいろいろな方法があります）。
③お米屋さんに精米をしてもらったらもち米の出来上がりです。おもちつきの行事に使ってみましょう。

P66-4

3 おもちつき

ぺったんこ、ぺったんこのおもちつき。つくだけではなく、できたてを自分の手で丸めることで、おもちの感触を楽しめます。

準備物…うす、きね、かまど（コンロ）、せいろ、ふきん、おけ、もちを丸める台（大きめの机など）、水を入れたバケツ
材　料…もち米、片栗粉

①もちつきの前日、子どもたちといっしょにもち米を洗い、水につけておきます。
②当日、ビニールシートの上にうすときね、水の入ったバケツを用意します（きねの先は、バケツの水につけておきます）。
③せいろにふきんを敷いて、もち米を入れて包みます。コンロやかまどで蒸していきます。
④蒸し上がるまでの間、もちつきに必要な道具類を子どもたちに紹介します。
⑤もち米が蒸し上がったら、大人がうすに移し、きねでもち米をつぶしていきます。
⑥最初は大人だけでつき、ある程度ついたら子どもたちにきねを持たせ（保育者が補助してもいいです）、順番にもちつきをしてみましょう。
⑦柔らかくなったおもちを、片栗粉のまいてある台の上に載せます。
⑧大人が少しずつ切り分け、子どもに渡していきます。
⑨片方の手のひらを広げておもちを載せ、もう片方の手でおもちを優しく回して丸めると、おもちの出来上がりです。

子どもたちの育てたもち米は鏡もちにして、鏡開きをしてから食べてもいいですね。
食べ物を触るので、衛生面には十分に気をつけましょう。

P67-1

タマネギ
作つけ：9月～10月
収　穫：5月

ジャガイモ
作つけ：2月～3月
収　穫：5月

タマネギやジャガイモを育てて、カレーパーティーにつなげましょう。タマネギやジャガイモが、どのように作られているかを実際に経験してみましょう。

P67-2

1 育ててみよう

タマネギ

①プランターに肥料を混ぜた土を入れます。
②15㎝間隔に苗を植えます。
③時期を見て、肥料をやります。
④5月ごろ、タマネギの葉が黄色くなり倒れてきたら、収穫をします。
⑤子どもたちといっしょにタマネギを抜き、4～5個位をひとまとめにして、風通しの良い場所につるします。

ジャガイモ

①種イモを用意し、芽のある場所を確認しながら、2～4個に切り分けます。
②タマネギと同じようにプランターを用意し、芽を上にして5㎝くらい掘って植えます。
③時期を見て、肥料をやります。
④花が咲いて二週間くらいしたら、葉っぱの色が変わって枯れ始めるので、子どもたちと収穫をしていきましょう。

※ジャガイモの育て方については、弊社刊『3歳児の保育資料・12か月』にも詳しく載っています。

P67-3

P67-4

2 カレーパーティー

準備物…大きめのなべ、おたま、包丁（子ども用）、まないた、ザル、ボウル、皮むき器、コンロ、皿（紙皿や発泡トレイ製の皿など）、スプーン
材　料…カレールー（甘口）、ジャガイモ、タマネギ、ニンジン、肉、その他季節の野菜など、ごはん（各自が家から持ってきてもいいでしょう）
※カレールーの箱に書かれている材料を参考にして収穫した野菜を計り、足りない野菜や肉などを買い足します。

①子どもたちがジャガイモやニンジンを水で洗い、皮むき器でむいていきます。
②皮をむいた野菜を、子ども用の包丁で切っていきます。タマネギは手で薄皮をむき、包丁で切っていきます。
③後は大人の手でしあげていきます。
④カレーが出来上がったらごはんにかけ、みんなでいただきます。

食べ物を触るので、衛生面には十分に気をつけましょう。

「食」のことわざ

農産物についての故事・ことわざ

農産物の栄養、食べ方、栽培（さいばい）のしかたなど、昔の人の知恵（ちえ）がつまっています

P68-1

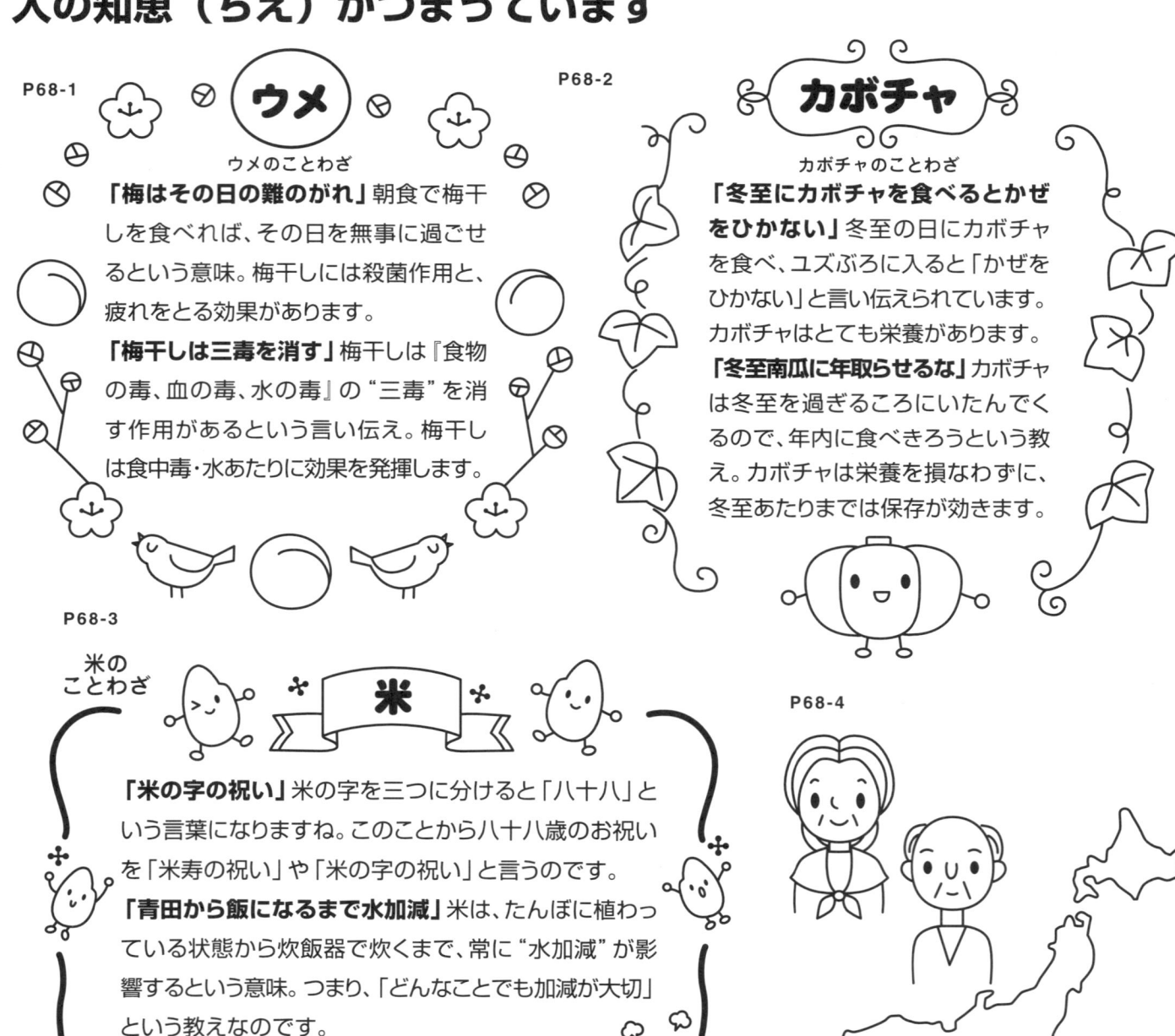

ウメ

ウメのことわざ

「梅はその日の難のがれ」 朝食で梅干しを食べれば、その日を無事に過ごせるという意味。梅干しには殺菌作用と、疲れをとる効果があります。

「梅干しは三毒を消す」 梅干しは『食物の毒、血の毒、水の毒』の“三毒”を消す作用があるという言い伝え。梅干しは食中毒・水あたりに効果を発揮します。

P68-2

カボチャ

カボチャのことわざ

「冬至にカボチャを食べるとかぜをひかない」 冬至の日にカボチャを食べ、ユズぶろに入ると「かぜをひかない」と言い伝えられています。カボチャはとても栄養があります。

「冬至南瓜に年取らせるな」 カボチャは冬至を過ぎるころにいたんでくるので、年内に食べきろうという教え。カボチャは栄養を損なわずに、冬至あたりまでは保存が効きます。

P68-3

米のことわざ

米

「米の字の祝い」 米の字を三つに分けると「八十八」という言葉になりますね。このことから八十八歳のお祝いを「米寿の祝い」や「米の字の祝い」と言うのです。

「青田から飯になるまで水加減」 米は、たんぼに植わっている状態から炊飯器で炊くまで、常に“水加減”が影響するという意味。つまり、「どんなことでも加減が大切」という教えなのです。

P68-4

P69-1

ダイコン

ダイコンのことわざ

「大根食ったら菜っぱ干せ」ダイコンの葉っぱのように普段は捨ててしまうものでも、いざというときに役立つこと。ダイコンの葉っぱはビタミン類・カルシウムなどが豊富です。

「大根どきの医者いらず」ダイコンの収穫時にはだれもが健康になり、医者に疎遠になるという意味。ダイコンはおなかの調子を整え、消化を良くしてくれます。

P69-2

ダイズ

ダイズのことわざ

「まめに食うとまめでまる《(でいられる)》」豆を"マメ"に食べると、「まめ（健康）」でいられるという意味。おせち料理に欠かせない黒ダイズにも「今年一年、まめに暮らせますように」という願いが込められています。

「魔滅（まめ）」当て字です。昔からダイズには、災いや病気など「魔」を滅ぼす力があるとされてきました。ですから、節分には「鬼は外、福は内」と豆をまくのです。

P69-3

茶

茶のことわざ

「宵越しの茶は飲むな」「一晩たったお茶は体に毒だから飲まないように」という教え。時間をおいたお茶は香りも少なく、消化を悪くする渋味のある成分を出します。

　ですが、お茶にはカテキンやビタミンC、ミネラルが含まれていて、体にとてもよい飲み物です。その中でも、カテキンの抗菌作用はボディソープ・シャンプー・入浴剤や抗菌スプレーの成分に使われるくらい有効なのです。

P69-4

ナス

ナスのことわざ

「秋ナスは嫁に食わすな」年中出まわっているナスの中でも"秋ナス"が最も美味なので、嫁に食べさせない、という意味。『姑が嫁を憎んで食べさせない』また、『ナスは体を冷やすので嫁の体を気遣っているから』などの説があります。

「ナスの花と親の意見は千に一つも仇《あだ》がない」仇とは「むだになること」を指します。ナスの花は必ず実になるので、むだになってしまう花はありません。これと同様に、"親の意見"も必ず役立つものだ、という教えです。

食べ物の“こんなこと”知っていますか？

P70-1

食べ物もの知りコーナー

P70-2

ごはんのお話　苗からイネへ。おコメができるまで

いろんな作業があって、みんなの食卓におコメが運ばれてきます。元気の良い「いただきます！」で、いただきましょう。

【田起こし・代《しろ》かき】春の初めの4月ごろ。たんぼの土をほり起こして、目を細かくします。たんぼに水を入れて肥料をまき、土を平らにならしていきます。

【苗《なえ》作り】3月から4月にかけて「種もみ」を選びます。種もみをまいて、苗を育てます。

【田植え】少し暖かくなった4月から5月。育てた苗をたんぼに植えます。

【草取り・水の管理・肥料・防除】夏になるとイネがすくすくと育ってきます。イネがよく育つようにたんぼに肥料をまき、草を刈り、たんぼが乾かないように水を入れたりします。また、イネに虫がついて病気にならないように、いつも注意します。

【イネ刈り・脱穀《だっこく》】秋になると、黄色く実ったイネを刈り取ります。刈ったイネは乾かして、穂から「もみ」を落とします。

【乾燥・もみすり】「もみ」を乾燥させて、もみ皮を取り、玄米（げんまい）にします。

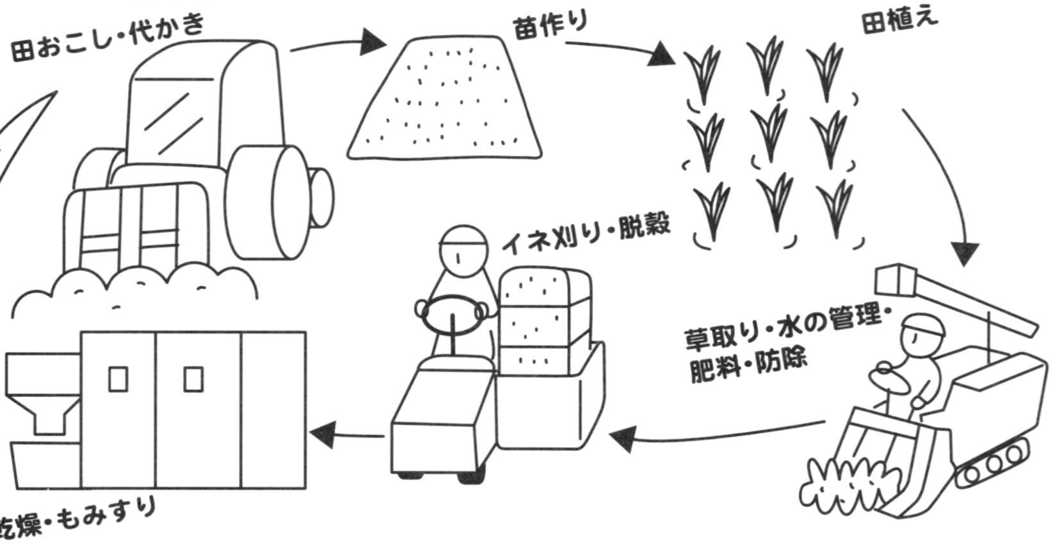

P71-1

食べ物もの知りコーナー

食べる部分はどこ？

・**ジャガイモ**は……地下の茎の部分

・**サツマイモ**は……根っこの部分

・**タマネギ**は……葉っぱのつけ根

・**ブロッコリー**は……花のつぼみ

ほかの野菜についても、調べてみましょう。

P71-2

● 食べ物雑学 ●

日本食品標準成分表

食べ物の栄養と健康にかかわる“基礎的数値”を、当時の科学技術庁資源調査会がまとめたものが「日本食品標準成分表」です。栄養士・調理師さんが園や学校の献立を考えるときの、資料などに使っています。

P71-3

牧場と給食の牛乳

食べ物もの知りコーナー

牧場で飲む搾りたて牛乳とお店で売っている牛乳の味の違いには、牛乳の中の脂肪の大きさが深くかかわっています。輸送・運搬などに適するように、給食のものは牛乳に含まれる脂肪球を細かくくだき、揺らしてもバターにならないような状態にしているのです。

P71-4

魚の食べるプランクトンとは

食べ物もの知りコーナー

プランクトンとは、水中にいる小さな生き物のこと。それらを食べる魚は、『生まれてからすぐの、うまく泳げない稚魚』と『エラでプランクトンをろ過して食べるような種類の魚（イワシ、サンマなどが代表的）』に限られています。

P71-5

漁場

港・市場

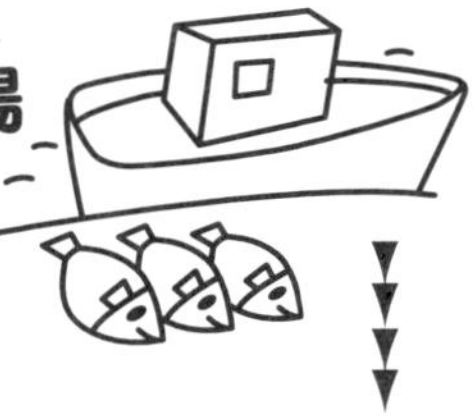

「食べ物」雑学コーナー

魚を運搬する工夫

魚はいたみやすい食品の一つですから、新鮮に運ぶための工夫が考えられています。漁場から港までは冷凍船、港や市場では冷蔵庫、陸上輸送には冷凍車や保冷車の保冷コンテナ、そして小売店やスーパーマーケットでは冷蔵ケースと、冷凍・冷蔵設備が大活躍。このしくみのことを「コールドチェーン」と呼びます。

小売店

陸上輸送

食べ物の“こんなこと”知っていますか？

食べ物もの知りコーナー

連載しましょう！ 食物の原産地

よく知られた食べ物の原産地は、海の向こうにありました。

P72-1

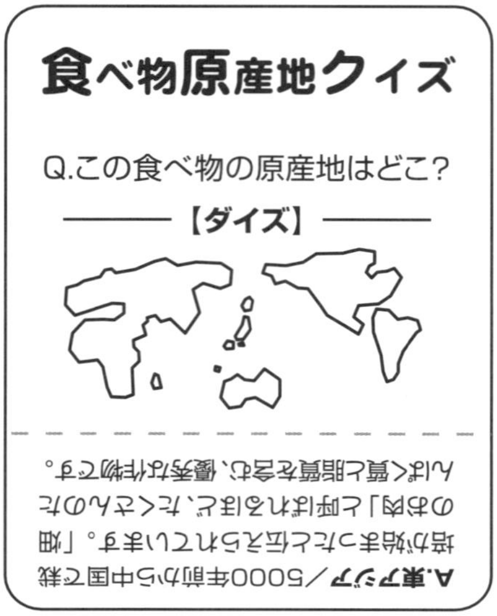
食べ物原産地クイズ
Q.この食べ物の原産地はどこ？
【ダイズ】
A.東アジア／5000年前から中国で栽培が始まったと伝えられています。「畑のお肉」と呼ばれるほど、たくさんのたんぱく質と脂質を含む、優秀な作物です。

P72-2

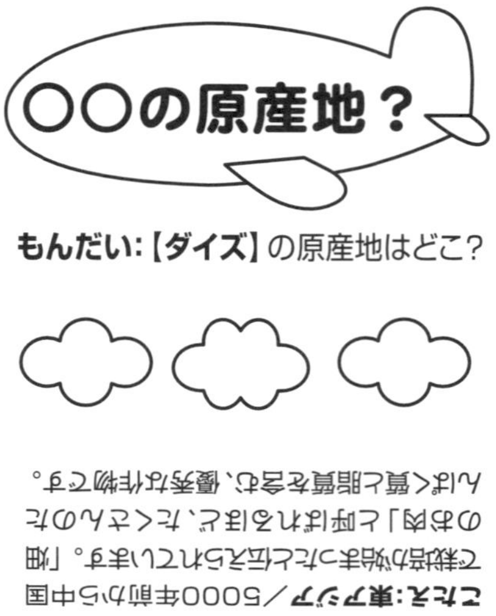
○○の原産地？
もんだい:【ダイズ】の原産地はどこ？
こたえ:東アジア／5000年前から中国で栽培が始まったと伝えられています。「畑のお肉」と呼ばれるほど、たくさんのたんぱく質と脂質を含む、優秀な作物です。

P72-3

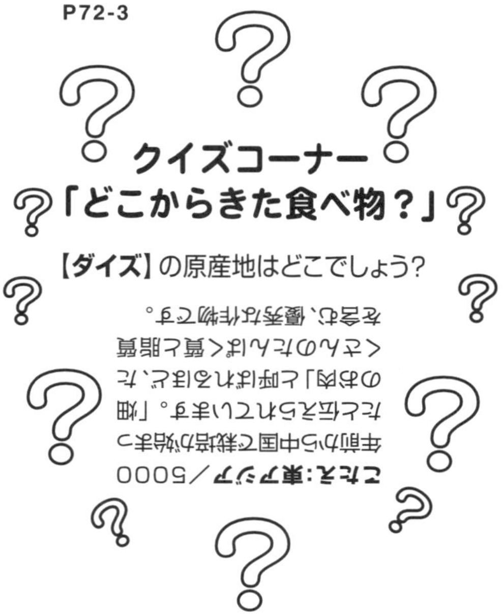
クイズコーナー
「どこからきた食べ物？」
【ダイズ】の原産地はどこでしょう？
こたえ:東アジア／5000年前から中国で栽培が始まったと伝えられています。「畑のお肉」と呼ばれるほど、たくさんのたんぱく質と脂質を含む、優秀な作物です。

※上記の囲みを使って、クイズの文章を入れかえると、シリーズコーナーとして掲載できます。

こんなにあります！ その他の食べ物と原産地。

【東アジア】

「ダイズ」5000年前から中国で栽培が始まったと伝えられています。「畑のお肉」と呼ばれるほど、たくさんのたんぱく質と脂質を含む、優秀な作物です。

「お米」中国南部周辺に広がる山岳地帯が原産地です。ムギ、トウモロコシと並んで世界三大穀物の一つ。お米は、アジアをはじめとして広く主食として利用されています。

「セリ」日本を原産地とする野菜です。「元気になる食べ物」とされ、「春の七草」のいちばんめに挙げられています。良い香りが特長で、パセリやセロリも、セリの仲間です。

「カキ」東アジアが原産地です。

「モモ」中国の華北にある高原地帯が原産地です。

【地中海地域】

「キャベツ」地中海沿岸で、古代ギリシャ時代から食べられていました。日本には、江戸時代に伝わりましたが、最初は観賞用でした。

【アフリカ南部】

「スイカ」原産地はアフリカの南部。日本では果物として食べますが、西アジアや中央アジア、ロシア南部などの砂漠地帯では、水の代わりや、家畜のエサとして利用されてきました。

【アメリカ・メキシコ】

「ブドウ」ヨーロッパとアメリカのブドウが元になって、現在の品種が作られました。世界で最も多く作られる果物の一つ。日本では生で食べることが多いですが、世界的に見ると、8割がワインに加工されています。
「ブルーベリー」北アメリカ原産。栽培の研究が始まったのが1906年と、20世紀生まれの新しい果物です。目に良い成分のアントシアニンが15種類も含まれていることが特長です。
「サツマイモ」原産地は熱帯アメリカ。日本へは安土桃山時代の末期に、中国から沖縄を通じて、九州に伝えられました。
「カボチャ」日本カボチャは、中央アメリカが原産地です。
「ピーマン」もともとトウガラシの一種。トウガラシの中で辛みのないものが選ばれて、ピーマンになりました。

【西・中央アジア】

「ニンジン」原産地はアフガニスタン、イランの北部の辺り。そこから東西に伝わりました。現在、日本の店に並んでいるものは西洋ニンジンがほとんどです。
「タマネギ」中央アジアが原産地。紀元前2000年以上も前から利用されてきた野菜です。大きく分けて「甘タマネギ」と「辛タマネギ」があり、日本では辛タマネギが好まれています。
「ホウレンソウ」西アジア、ペルシャが原産地。

【インド〜東南アジア】

「ナス」インド東部、南東部が原産地。日本へは平安時代の初めに伝わりました。
「ゴボウ」アジアやヨーロッパの北部に野生。中国やヨーロッパでは「薬」として利用されています。
「キュウリ」インドのヒマラヤ山ろくからネパールが原産地。完熟すると実が黄色くなるので、「黄瓜」から転じて「キュウリ」という名前になったと伝えられています。
「バナナ」マレーシア地方が原産地。世界中の熱帯地方で広く生産されています。日本は、主にフィリピンや台湾などから輸入しています。

【南アメリカ】

「トマト」南アメリカのペルー、エクアドルが原産地。16世紀にジャガイモと共にヨーロッパに伝えられました。最近は、ミニトマトの生産量が増えています。
「ジャガイモ」南アメリカが原産地です。コロンブスの新大陸発見以降、世界各地に伝わり、日本へは江戸時代に伝えられました。
「イチゴ」北アメリカ原産の野イチゴと、チリ産のイチゴがヨーロッパでかけ合わされ、今のイチゴになりました。

イモを食べましょう！

P74-1

サツマイモ

サツマイモが甘い理由。それは、エネルギーの元になる“でんぷん”が、アミラーゼという酵素のおかげで“糖”に変わるからです。ビタミンやカリウム、食物繊維も多く含まれています。

【ベニアカ（キントキ）】皮の色、形が整っていて味もおいしい。「きんとん」などによく使われます。

【ベニハヤト】カロテンやビタミンCが多く含まれています。

【コウケイ】育てやすく、全国で作られています。

【ジョイホワイト】癖がなく、さわやかな香りの焼酎が出来上がります。

【ベニアズマ】甘味が強く、味が良い。全国で作られています。

【サツマヒカリ】あっさりした甘味で、貯蔵性にたけています。

【エレガントサマー】苦みが少なくおいしい。サラダ、つくだ煮、いため物などにしても、食されます。

【アヤムラサキ】アントシアン色素の影響で、色は紫。

【コガネセンガン】たくさんとれ、かりんとうやイモあめなどにも使用されています。

きんとん
焼きイモ
イモあめ
大学イモ
サツマイモごはん
イモケンピ
スイートポテト

このほかにも、イモの種類や料理はたくさんあります。いろいろ調べてみましょう。

P75-1

ジャガイモ

片栗粉の原料。コロッケ、フライドポテトなどにも加工されます。でんぷんが豊富で、ビタミンCやカリウムも含んでいます。人の大切なエネルギー源の一つです。

【ダンシャク】粉ふきイモやコロッケなどに適しています。ホクホクした食感。日本で広く作られています。

【メークイン】煮崩れを起こしにくいので、肉ジャガやシチュー、カレーライスなどの煮込み料理に向いています。

【ホッカイコガネ】表面のくぼみが浅く少ないので、皮をむきやすいです。フライドポテト用としてもよく使われています。

【キタアカリ】実は黄色く香りが良い。火の通りが早いので、皮つきふかしイモや、電子レンジでの調理に適しています。

【ベニアカリ】皮は紅色、実は白色。でんぷんが多く粉っぽいので、コロッケなどに向いています。

【とうや】実りが早い早生《わせ》品種《ひんしゅ》です。煮物やサラダに向いています。

肉ジャガ
ポテトサラダ
ポテトグラタン
コロッケ
ポトフ
粉ふきイモ

「ものがたり」で、食を知りましょう

P76-1

食の「お・は・な・し」

「食に関係するおはなし」を読み聞かせることで、子どもの食への興味をひきだしましょう。

P76-2

マメ

[ジャックとまめのき]

●マメの仲間の「ダイズ」は、「畑のお肉」と呼ばれています。肉や魚と同じくらいタンパク質が含まれいて、また必須アミノ酸「リジン」「アルギニン」も豊富なのです。

●マメの種類はたくさんあります。よく知られた「アズキ」「ダイズ」など。

●マメのタンパク質は、血や筋肉になります。

P76-3

おかし

[ヘンゼルとグレーテル]

●「自分ならどんな“お菓子の家”に住んでみたいかな？」と子どもに考えてもらい、絵に描いてみましょう。

●お菓子はたくさんのお砂糖を使うので、とても甘くておいしいにおいがします。

●市販のホットケーキミックスを使って、子どもとお菓子作りをしてみるのも良いでしょう。

P76-4

[さるかにがっせん]

カキ

●カキは、秋の味覚の代表で、熟すと緑色から橙色になります。

●カキは甘くてビタミンCが豊富。ビタミンK、B1、B2、カロチン、タンニン（渋味）、カリウムなども多く含んでいます。栄養価が高く、昔の人は「カキが赤くなれば、医者が青くなる」とも言っていました。

●木の幹は「家具」に、実は「食用」、葉は「茶の代わり」に飲めます。カキの渋は「防腐剤」としても用いられます。

P76-5

[しらゆきひめ]

リンゴ

●「アイザック=ニュートン」という科学者が、リンゴが木から落ちるようすを見て、「万有引力の法則」という引力の決まりを発見したという話があります。

●ジャム、ジュース、紅茶、パイなど、いろいろな食べ物に「加工」して使われています。

他にもまだある。食べ物が出てくる「おはなし」

- 「**だいこんとにんじんとごぼう**」（つるたようこ：再話・絵／アスラン書房）【ダイコン、ニンジン、ゴボウ】
- 「**ジャイアント・ジャム・サンド**」（ジョン・ヴァーノン・ロード：文・絵、安西徹雄：訳／アリス館）【ジャム・サンド】
- 「**おむすびころりん**」（いもとようこ：文・絵／岩崎書店）【コメ（おむすび）】
- 「**いちごばたけのパトロールたい**」（竹下文子：作、鈴木まもる：絵／偕成社）【イチゴ】
- 「**おまたせクッキー**」（パット=ハッチンス：作、乾侑美子：訳／偕成社）【クッキー】
- 「**からすのパンやさん**」（かこさとし：文・絵／偕成社）【パン】
- 「**はらぺこあおむし**」（エリック・カール：作、もりひさし：訳／偕成社）【ケーキ、アイスクリーム、ピクルス、など】
- 「**ベーコンわすれちゃだめよ！**」（パット・ハッチンス：作・絵、わたなべしげお：訳／偕成社）【ベーコン】
- 「**スージーちゃんのスパゲッティ**」（P・コプランズ：作・絵、ひろせみちこ：訳／金の星社）【スパゲッティ】
- 「**しろくまちゃんのほっとけーき（こぐまちゃんえほん）**」（わかやまけん：作／こぐま社）【ホットケーキ】
- 「**ふんふん なんだかいいにおい**」（にしまきかやこ：絵・文／こぐま社）【朝ごはん（卵黄、イチゴジャム、スープ、など）】
- 「**りんごのき**」（A.カウフマン：絵、M.ローベ：文／女子パウロ会）【リンゴ】
- 「**14ひきのかぼちゃ（14ひきシリーズ）**」（いわむら かずお：作／童心社）【カボチャ】
- 「**さくらんぼ　さくらんぼ**」（岸田衿子：文、長　新太：絵／ひかりのくに）【さくらんぼ】
- 「**パンケーキのおはなし**」（岸田衿子：文、おおば比呂司：絵／ひかりのくに）【パンケーキ】
- 「**ワニーさんのおまけつきレストラン**」（岡本一郎：原案、いもとようこ：絵／ひかりのくに）【サンドイッチ、さかな、たこやき、など】
- 「**チョコレート工場の秘密**」（ロアルド・ダール：作、田村隆一：訳、ジョセフ・シンデルマン：絵／評論社）【チョコレート】
- 「**ぐりとぐら**」（中川李枝子：作、大村百合子：絵／福音館書店）【カステラ】
- 「**そらまめくんのベッド**」（なかやみわ：作・絵／福音館書店）【そらマメ】
- 「**ぼくのぱん わたしのぱん**」（神沢利子：文、林明子：絵／福音館書店）【パン】
- 「**キャベツくん**」（長 新太：文・絵／文研出版）【キャベツ】
- 「**ねずみのすもう**」（大川悦生：文、梅田俊作：絵／ポプラ社）【もちゴメ（もち）】

※ さまざまな事情で、急に絶版・品切れなどになっている場合があります。詳しくは出版社・書店・図書館などにご確認ください。

ドクターからのひと言

P78-1

ドクターからのひと言

しっかりかみましょう

食べ物をしっかりかんで、食べていますか？「かむこと」で、たくさんの良い効果が得られます。食物繊維が含まれるものをよくかむと、その食物繊維が「歯ブラシ」の役目を果たして、歯の汚れを取ってくれますし、かんで出た唾液が口の中をきれいに洗ってくれるのです。また、よくかむことで大脳から「もう満腹だ」という指令が出て、肥満を抑える働きもあります。そのほか、「歯並びをよくする」「脳を活発化させる」なども言われています。

P78-2

ドクターからのひと言

水で流し込んでいませんか？

水やお茶の流し込みで、食べ物を飲み込む子どもを見かけます。私たちは食べ物を口の中に入れて咀嚼し、唾液と混ぜ合わせて飲み込みやすい塊を作り、舌を使いながらのどの奥へ移動させて飲み込みます。しかし、水分で流し込んでしまうと舌をあまり使わなくなってしまい、嚥下《えんげ》障害の原因になります。咀嚼のリズムと嚥下《えんげ》を育てることが大切なのです。

P78-3

ドクターからのひと言

嚥下《えんげ》学習に離乳食は重要！

食物の飲み込む（嚥下《えんげ》の獲得）機能は離乳食の時に身につきます。嚥下《えんげ》は離乳の初期食で繰り返し練習することで獲得できます。この時期には、呼吸と嚥下《えんげ》との協調運動の学習が特に重要です。ペースト状の食物がきちんと「ごっくん」できるように、焦らず練習しましょう。

離乳食トレーニングの月齢目安

●5〜6ヶ月:ゴックン期／●7〜8ヶ月:モグモグ期

●9〜11ヶ月:カミカミ期／●12〜15ヶ月:カミカミゴックンができるようなら「幼児食」へ移行

栄養素グループ表

P79-1

もりもり力がでる食べ物
おもにエネルギーになって、
体を動かすもとになります。
「きい」ちゃん
のなかま

P79-2

ぐんぐん大きくなる食べ物
おもに血や肉になって、
体を作るもとになります。
「あか」ちゃん
のなかま

P79-4

マーガリン
バター
ドレッシング
油
パン
マヨネーズ
ジャガイモ
もち
ごはん
さとう
うどん
サトイモ
サツマイモ
トリ肉
牛肉
ブタ肉
ウィンナー
ハム
カマボコ
魚
納豆
貝
タマゴ
トウフ
タコ
干しエビ
小魚
ステーキ肉
牛乳
チーズ
リンゴ
ホウレンソウ
トマト
キャベツ
ナス
イチゴ
キュウリ
シイタケ
ブロッコリー
カボチャ
ハクサイ
ネギ
ニンジン
バナナ
ダイコン
ピーマン

※「ノリ」や「ワカメ」などの海草類は、「みどり」ちゃんのなかまに入ることが多いです。

P79-3

元気な体になる食べ物
おもに体の調子を整えて、
病気をしないようにします。
「みどり」ちゃん
のなかま

●「みんなの食べるごはんには、『あか』ちゃん・『きい』ちゃん・『みどり』ちゃんのなかまが、ちゃんとはいっているかな?」

- 『あか』ちゃんのなかまを食べると…ぐんぐん大きくなる!!…「片方の手をだしてごらん。その手に乗る大きさを食べようね（肉・ハムなど）」
- 『みどり』ちゃんのなかまを食べると…元気な体になる!!…「両方の手でおわんの形を作ってごらん。その中がいっぱいになる量を食べようね（加熱してある野菜など）
- 『きい』ちゃんのなかまを食べると…もりもり力が出る!!…「両方の手でおわんの形を作ったら、その中がいっぱいになる量を食べようね（ごはんなど）

というようなことばがけで、栄養士・保健師・食生活改善推進員が寸劇をして、子どもたちに、食事のバランスと食べるべき分量を伝える活動が山梨県内（塩山地域を中心に）で行われています。

※61ページ「塩山式手ばかりの勧め」もあわせてご覧ください。

参考資料
「塩山式手ばかり運動」（http://www.city.enzan.yamanashi.jp/）
「食生活学習教材『食生活を考えよう』」（文部科学省）

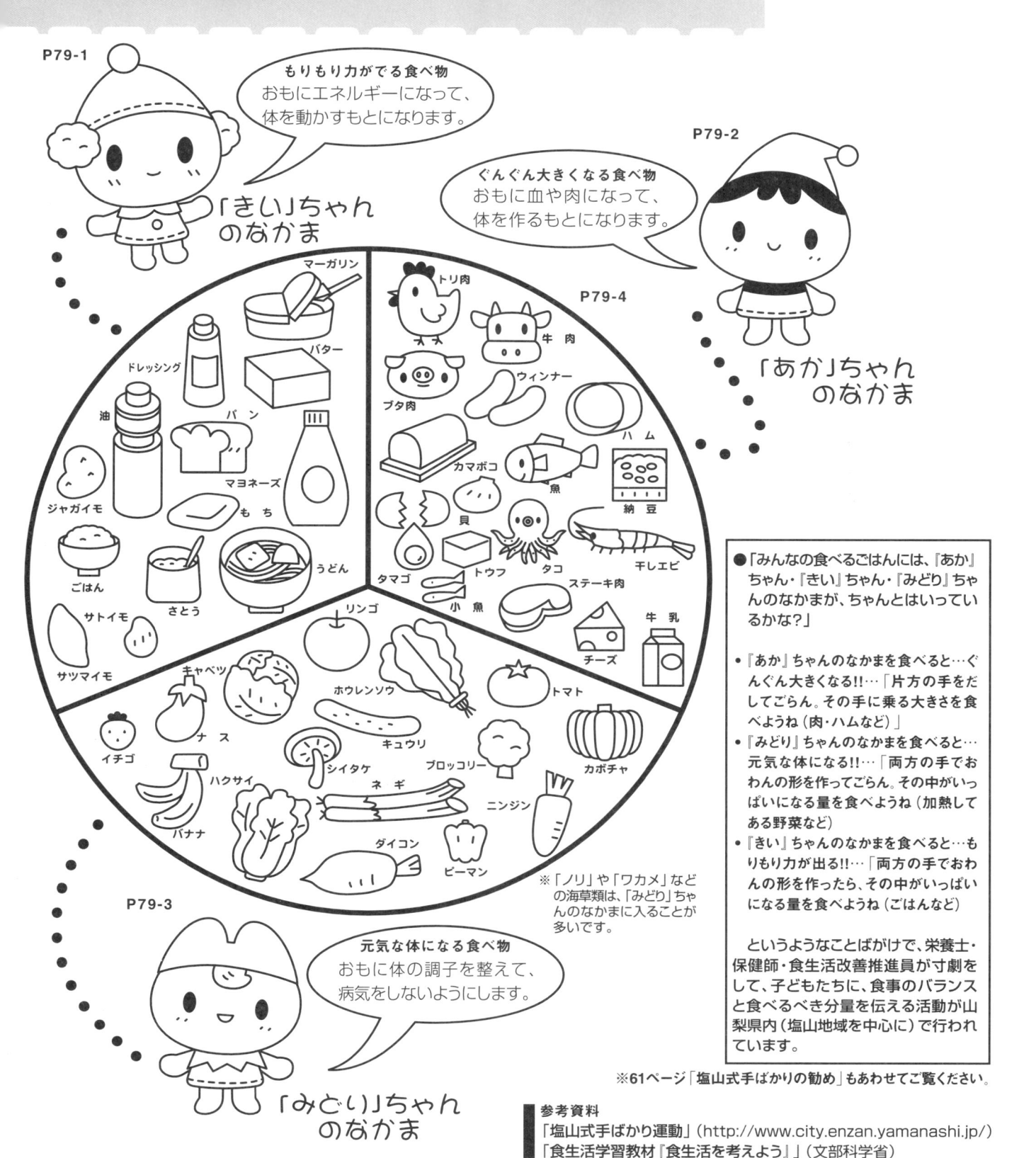

給食だより・献立表作り お役立ちコーナー

看板（タイトル）囲み例

P80-01

給食通信
4月号

P80-02

給食予定献立表
5月

P80-03

給食だより

P80-04

今月のこんだて
8月

P80-05

6月の給食献立表

P80-06

給食だより
月　日～　日

P80-07

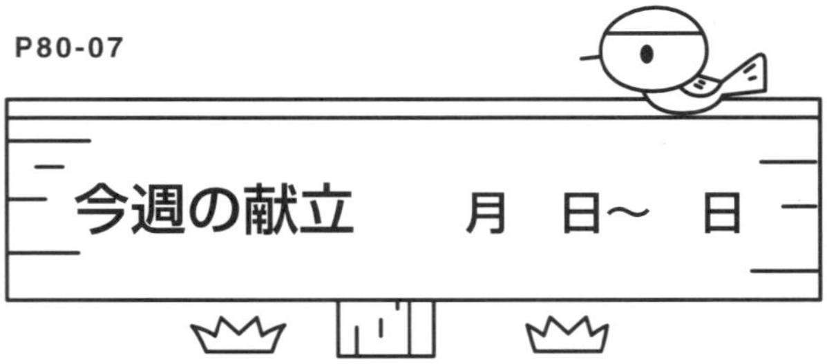
今週の献立　月　日～　日

P80-08

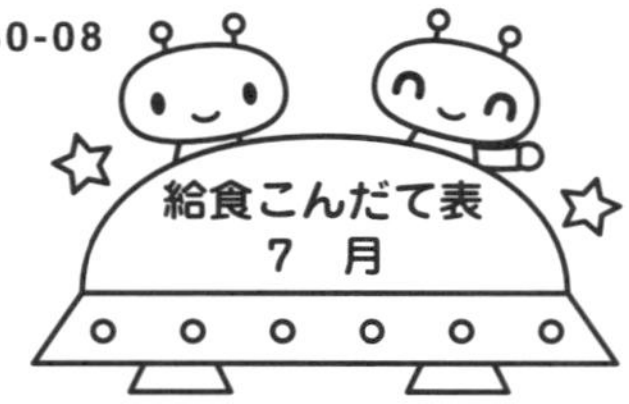
給食こんだて表
7　月

P80-09

9月
給食こんだて表

P80-10

こんだて表

P80-11

給食表
11月

P80-12

10月
今月の給食献立一覧

P80-13

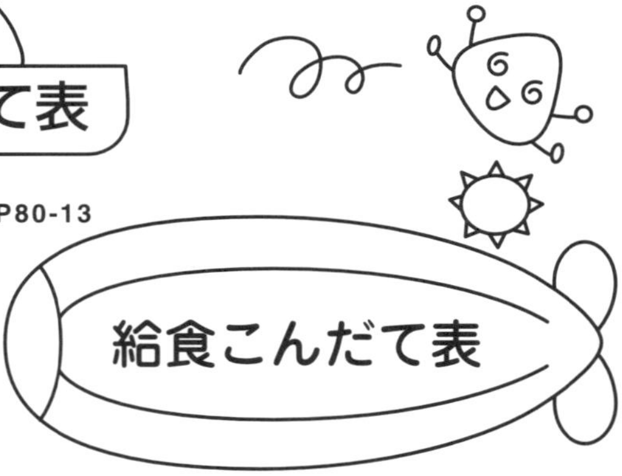
給食こんだて表

P80-14

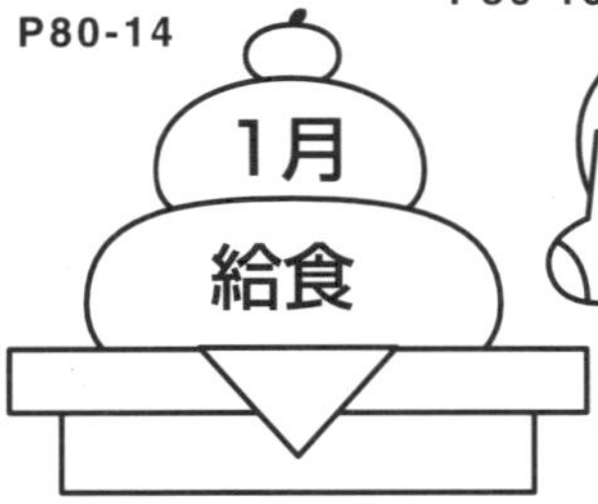
1月
給食

P80-15

こんだて表
12月　日～　日

P80-16

こんだて表

P80-17

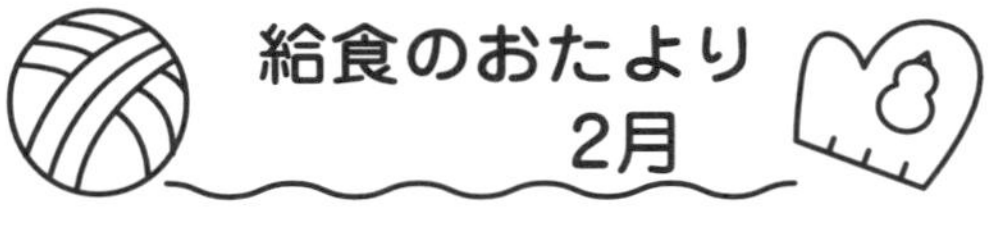
給食のおたより
2月

P80-18

給食
だより
3月

P80-19

給食のこんだて

季節にまつわる食べ物イラストなど

※このページのイラストを、左ページ（←）の囲みに縮小コピーしてお使いください。

P81-01
ナノハナ

P81-02
タケノコ

P81-03
ちまき と かしわもち

P81-04
ソラマメ

P81-05
サクランボ
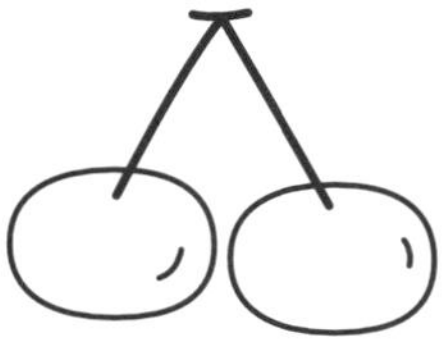

P81-06
ウメの実
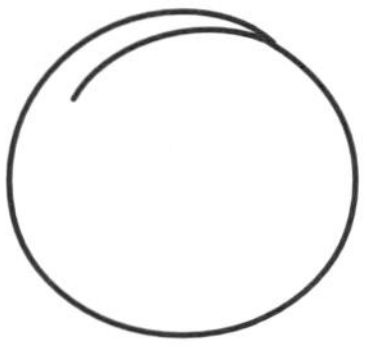

P81-07
うな重

P81-08
お茶

P81-09
スイカ

P81-10
ウリ

P81-11
カキ

P81-12
だんご
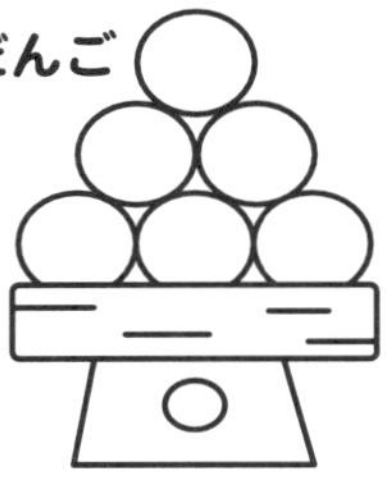

P81-13
クリ

P81-14
マツタケ

P81-15
キンカン

P81-16
焼きイモ

P81-17
クリスマスケーキ
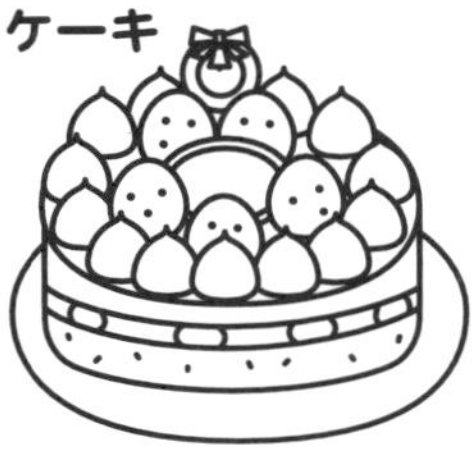

P81-18
ローストチキン

P81-19
ミカン
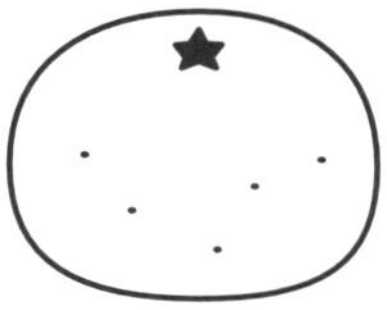

P81-20
雑煮

P81-21
チョコレート

P81-22
いり豆
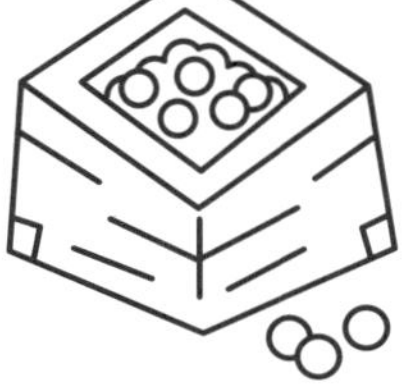

P81-23
サクラもち

P81-24
ひなあられ

P81-25

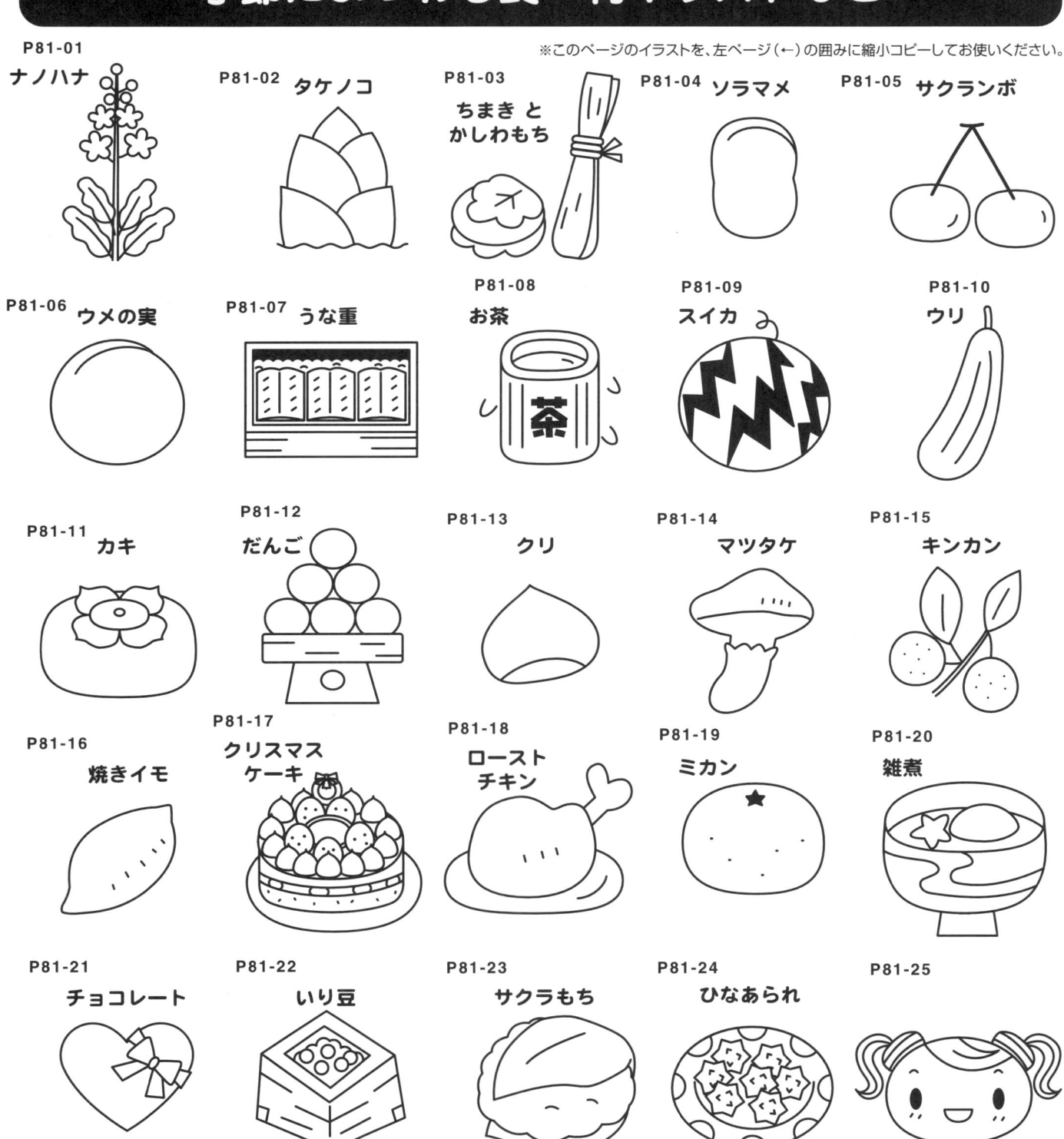

※表組みフォーマットは「A5サイズ（148×210㎜）」です。
拡大または縮小コピーをしてお使いください。

※この本の中から、いろいろなイラストをはりこんでみましょう。

P82-1

今週のこんだて（○月○日～○日）

	献立名	含まれる食品	備考
月曜	エビシューマイ	エビシューマイ、油	
火曜			
水曜			
木曜			
金曜			
土曜			

※この本の中から、いろいろなイラストをはりこんでみましょう。

P83-1

給食のおたより／　　月

	献立名	“血・肉・骨”を作る食品	“熱・力”の元になる食品	“体調”を整える食品
3日（月）	麻婆茄子、ブロッコリー、ニラ卵スープ、オレンジケーキ	牛乳、ブタ肉	ごはん、油、ゴマ	ショウガ、タマネギ、ブロッコリー
日（ ）				
日（ ）				
日（ ）				
日（ ）				
日（ ）				
日（ ）				
日（ ）				
日（ ）				
日（ ）				
日（ ）				
日（ ）				
日（ ）				
日（ ）				
日（ ）				
日（ ）				
日（ ）				
日（ ）				
日（ ）				
日（ ）				
日（ ）				
日（ ）				
日（ ）				

P84-01

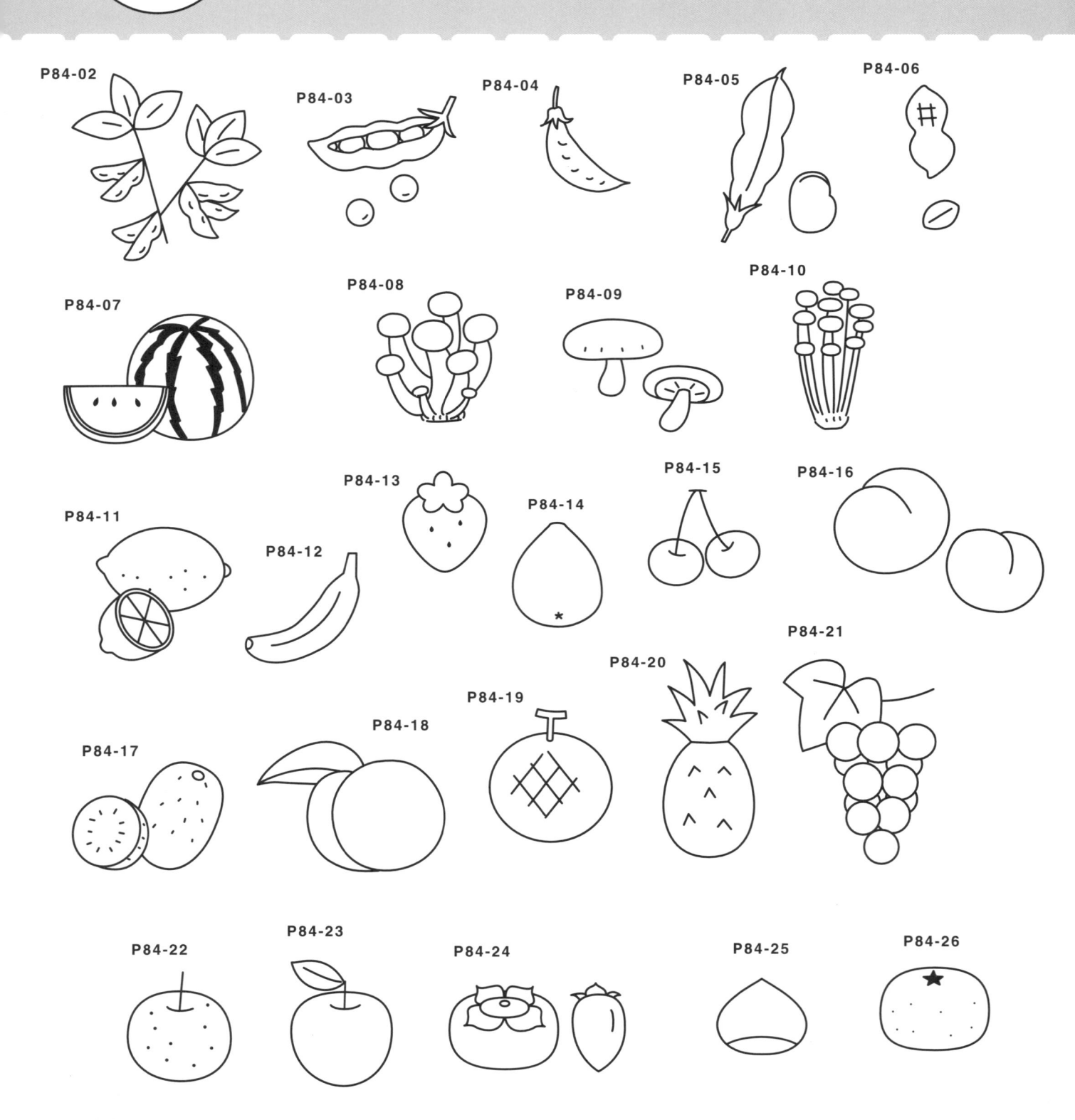

illustration

食育イラストアラカルト

P84-02

P84-03

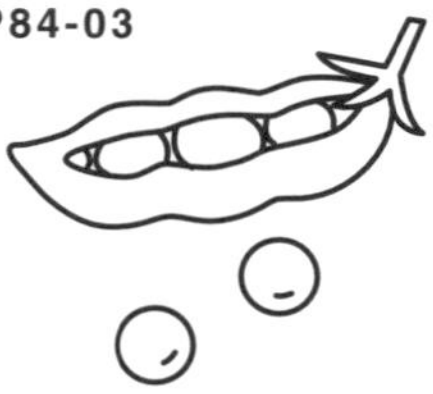

P84-04

P84-05

P84-06

P84-07

P84-08

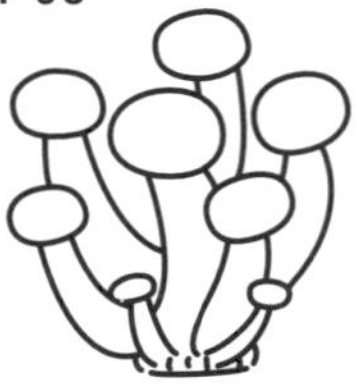

P84-09

P84-10

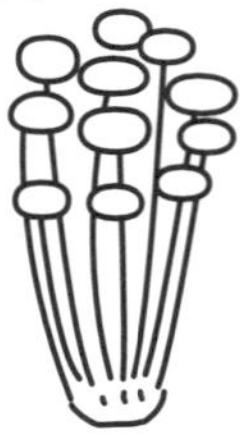

P84-11

P84-12

P84-13

P84-14

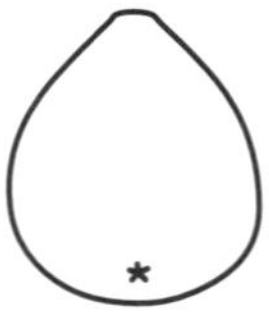

P84-15

P84-16

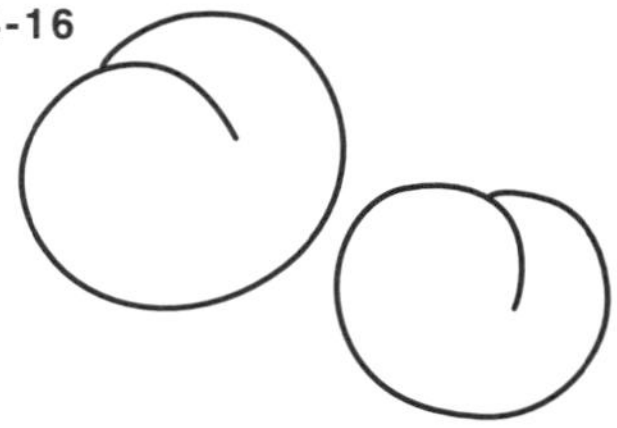

P84-17

P84-18

P84-19

P84-20

P84-21

P84-22

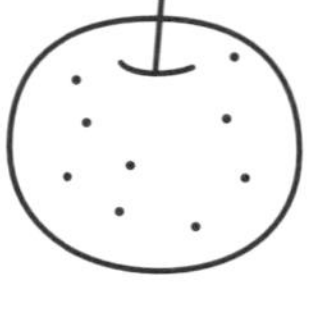

P84-23

P84-24

P84-25

P84-26

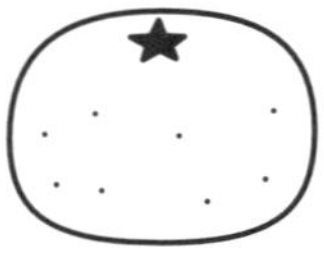

P85-01

P85-02

P85-03

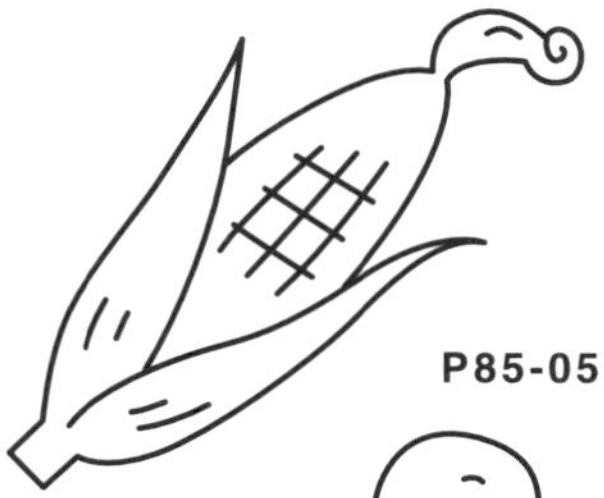

P85-04

P85-05

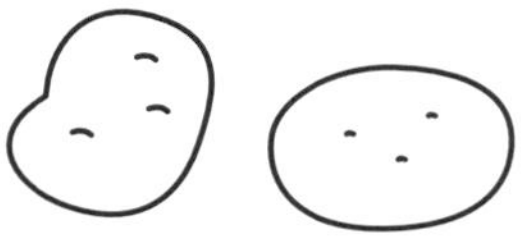

P85-06

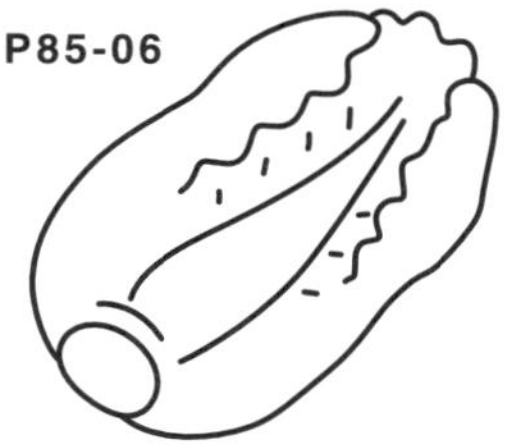

P85-07

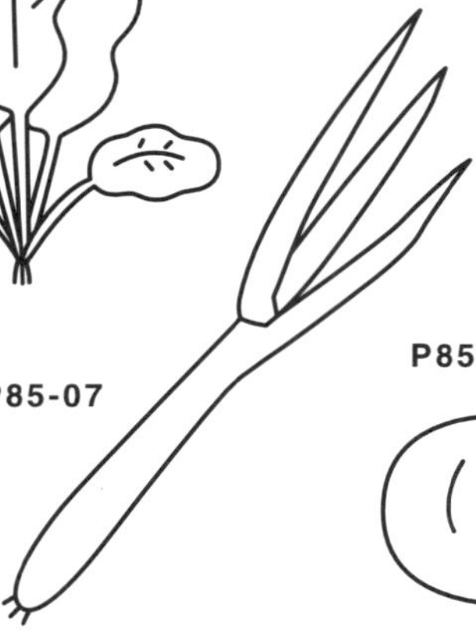

P85-08

P85-09

P85-10

P85-11

P85-13

P85-12

P85-14

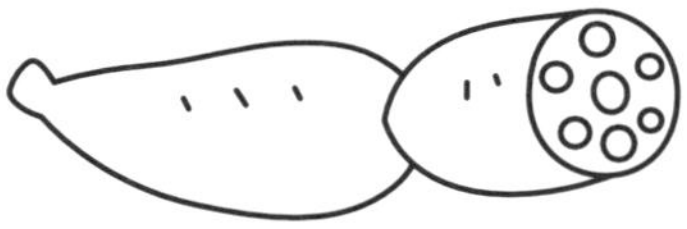

P85-18

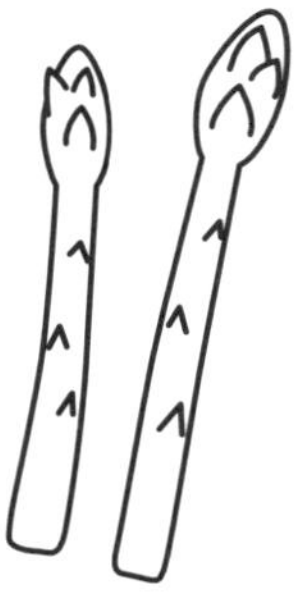

P85-19

P85-16

P85-15

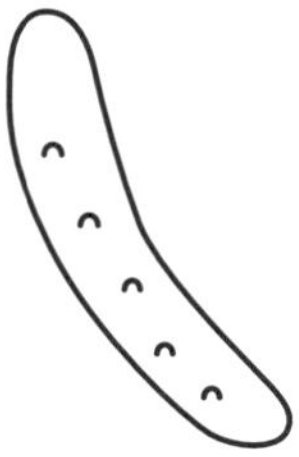

P85-17

P85-25

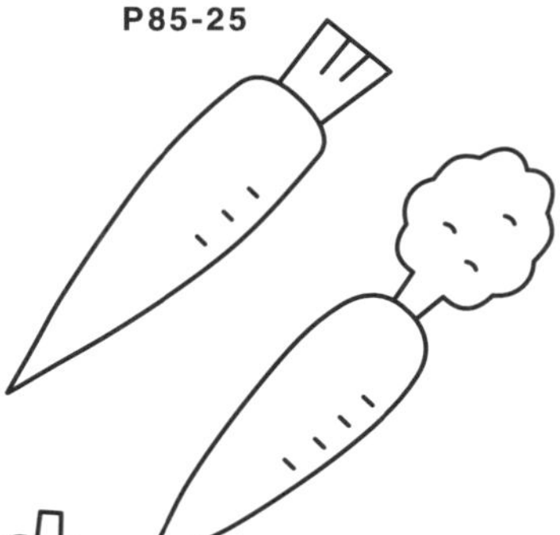

P85-24

P85-21

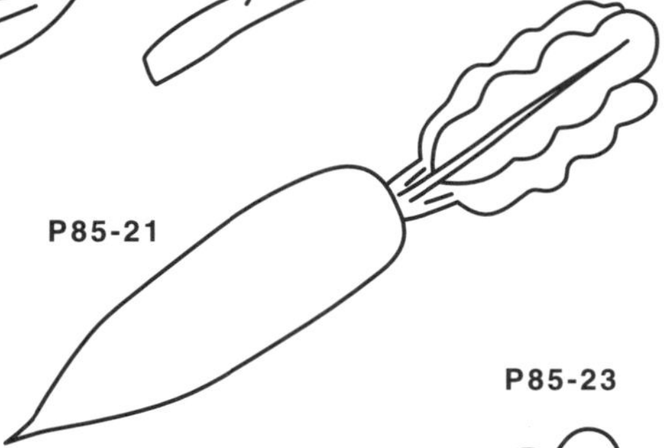

P85-23

P85-20

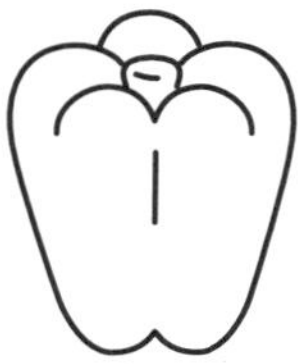

P85-22

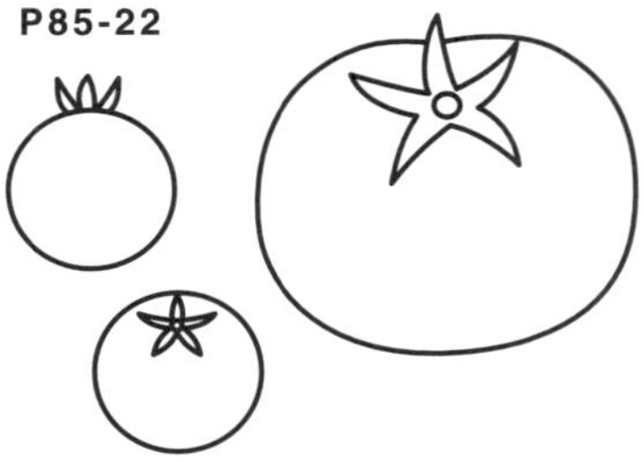

P85-26

P86-01

P86-02

P86-03

P86-04

P86-05

P86-06

P86-07

P86-08

P86-09

P86-10

P86-11

P86-12

P86-13

P86-14

P86-15

P86-16

P86-17

P86-18

P86-19

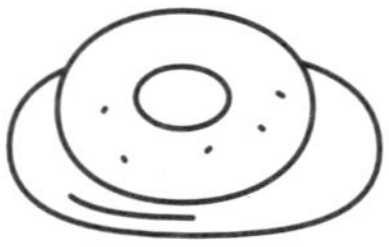

P86-20

P86-21

P86-22

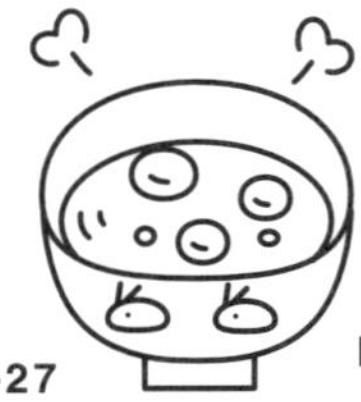

P86-23

P86-24

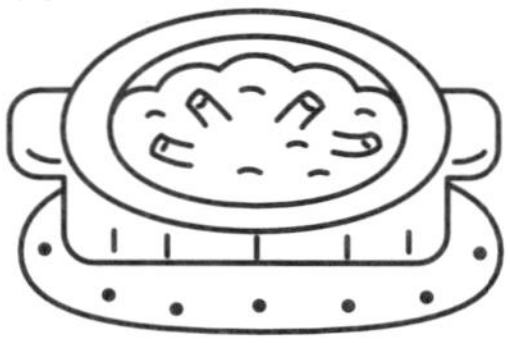

P86-25

P86-26

P86-27

P86-28

P86-29

参考文献・食育関連ホームページ

参考文献

●えほん百科 ぎょうじのゆらい（講談社）
●こども きせつのぎょうじ絵じてん（三省堂）
●COMO[コモ]（主婦の友社）
●日経 キッズプラス（日経ホーム出版社）
●笑う食卓（ブティック社）
●こっこクラブ（ベネッセコーポレーション）
●しょくせいかつをかんがえよう（文部科学省）
●食生活を考えよう（文部科学省）
●健康・病気のおたより文例（ひかりのくに）
●年中行事なるほどBOOK（ひかりのくに）

食育・健康関連ホームページ

●「健やか親子21」
http://rhino.yamanashi-med.ac.jp/sukoyaka
●「i-kosodate.net」（財団法人こども未来財団）
http://www.i-kosodate.net（内、「知る・調べる」）
●「文化庁」（内、「行事・イベント」など）http://www.bunka.go.jp/
●「厚生労働省」（内、「食品」など）http://www.mhlw.go.jp
●「農林水産省」（内、「食料」など）http://www.maff.go.jp
●「幼稚園養護教諭のホームページ」
http://www.eonet.ne.jp/~ yoyoproject-2003/
●「子どものための農業教室」
http://www.maff.go.jp/kyoshitsu/
●「全国保育協議会ホームページ」
http://www.zenhokyo.gr.jp
●「eコレ! Life」http://www.e-colle.com
●「食育大事典」http://www.shokuiku.co.jp
●「全国マヨネーズ・ドレッシング類協会」
http://www.mayonnaise.org
●「JA ごはん家族」http://www.gohan.ne.jp
●「食品産業センター」http://www.shokusan.or.jp
●「healthクリック」http://www2.health.ne.jp

CD-ROM使い方マニュアル 基本編

基本編① 囲み全体をそのまま使うとき

使いたい囲み記事を決めたら、CD-ROMをパソコンにセットし、操作を始めましょう。ここでは、Windows・Wordを使って印刷する方法を紹介します。

まず印刷する紙の大きさを決めましょう(プリンターによって、A4サイズまでしか印刷できない場合もありますので、ご注意を!)。

基本編①-1 Wordを開く

デスクトップに『Microsoft Word』のアイコンが表示されていれば、アイコンをダブルクリック。デスクトップにアイコンがない場合は、左下の「スタート」ボタンから「プログラム」→『Microsoft Word』をクリックします。

※『Windows』のバージョンによって手順は多少異なります。

バージョンによって画面・形状が多少異なります。

基本編①-2 ページ設定をする

左上の「ファイル」→「ページ設定」をクリック。現れた画面の「用紙」タブをクリックして、「用紙サイズ」の右側にある「▼」をクリックし、作りたいサイズに設定します。ここではA4サイズに設定します。

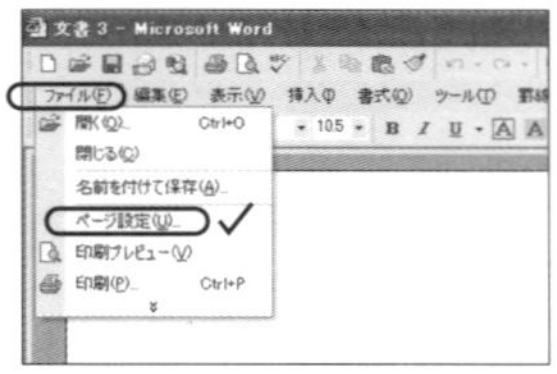

次に「余白」タブをクリックして、「上」・「下」・「左」・「右」の余白を設定します。プリンターによって印刷できる範囲が決まっていますので、お持ちのプリンターに合わせて設定してください。横長にしたいときには、「印刷の向き」の「横」をクリックしておきます。

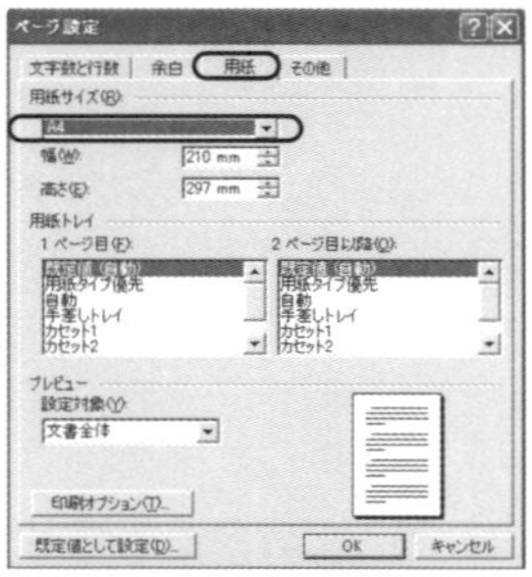

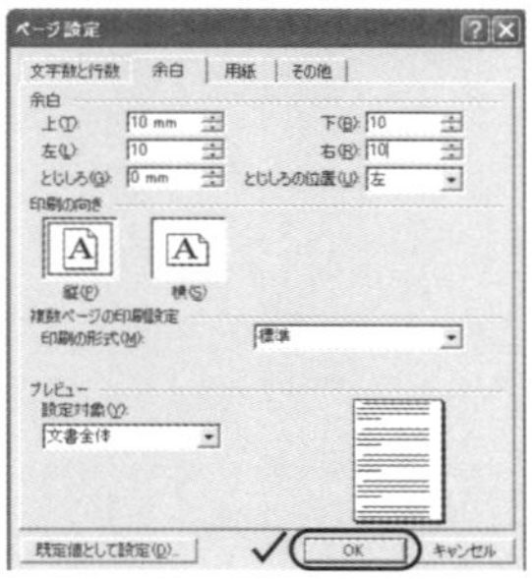

その他、紙のサイズに合わせて設定ができたら、「OK」をクリックします。

基本編①-3 用紙の表示のしかたを選ぶ

メニューの「表示」をクリックし、「印刷レイアウト」をクリックします。作業の途中で用紙全体を見たいときには、「ファイル」→「印刷プレビュー」をクリックすると縮小されて全体を見ることができます。元の画面に戻るときには、「閉じる」をクリックします。

基本編①-4 囲み全体を表示させる…「あ」のファイルを開く

メニューにある「挿入」→「図」→「ファイルから」の順にクリックします。

※基本編②で、文字データ(テキスト)「う」を選ぶときは、「挿入」→「ファイル」の順になります。

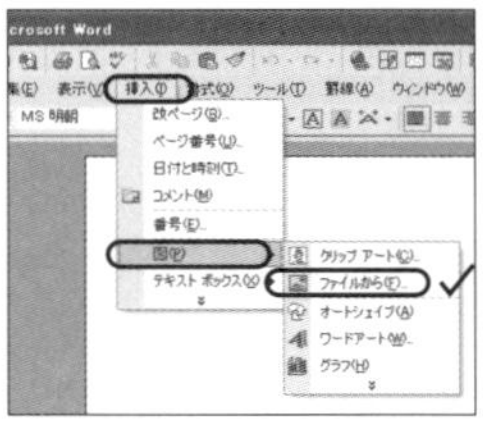

現れた画面の「ファイルの場所」を「食育・給食 CD-ROM」に設定し、CD-ROMのフォルダから挿入したいイラストの入っているフォルダを選んでいき、目的のイラストファイルを見つけたら、「挿入」をクリックします。

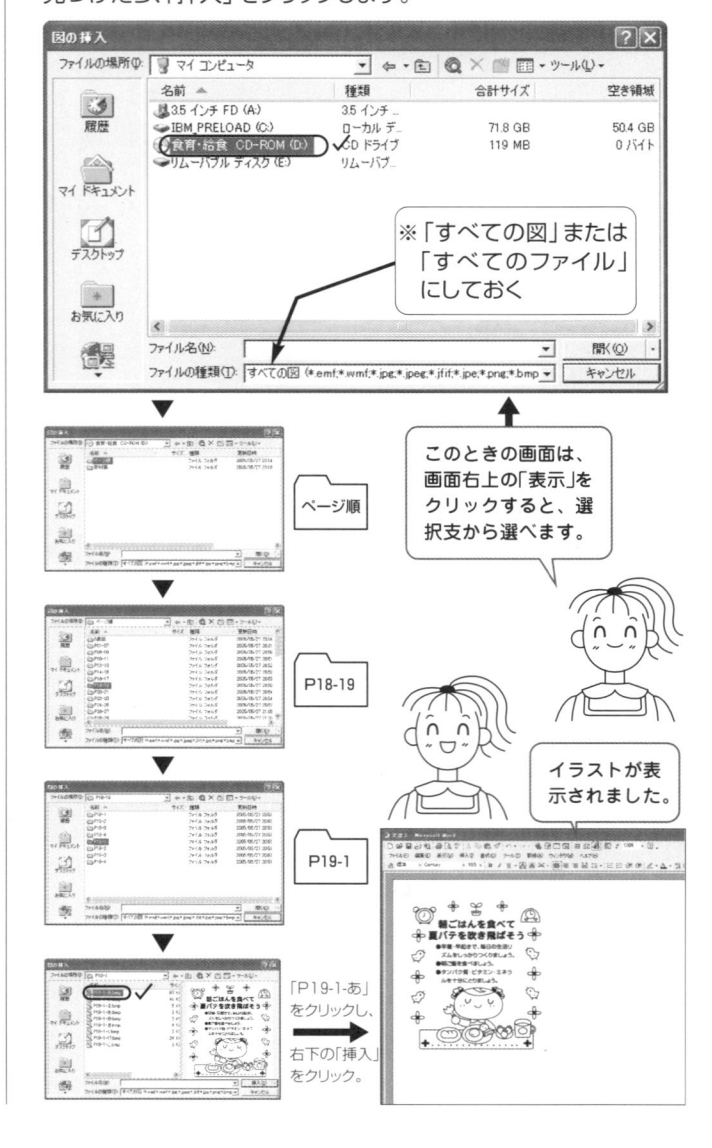

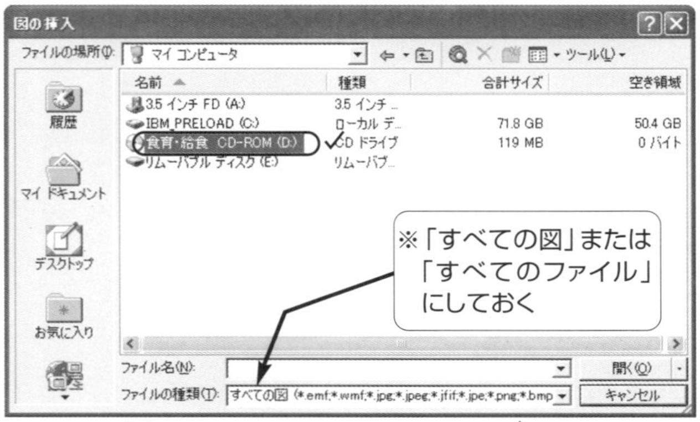

※「すべての図」または「すべてのファイル」にしておく

このときの画面は、画面右上の「表示」をクリックすると、選択支から選べます。

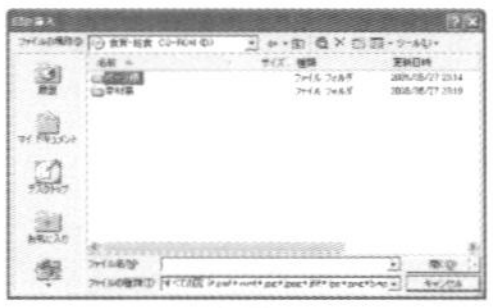

ページ順

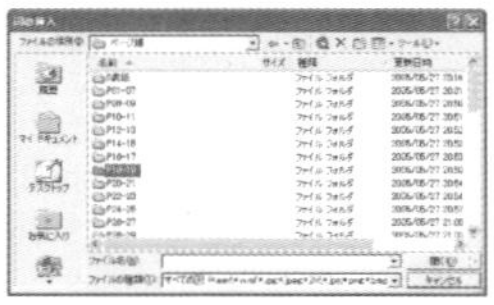

P18-19

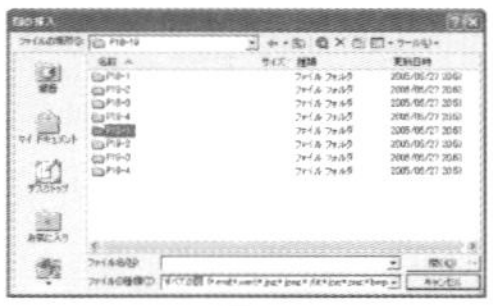

P19-1

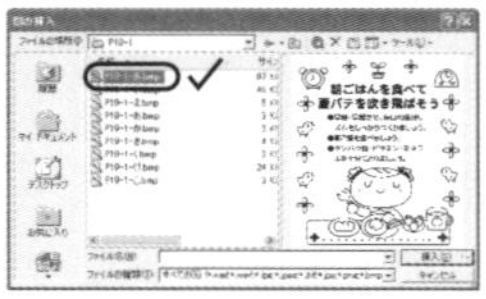

「P19-1-あ」をクリックし、右下の「挿入」をクリック。

イラストが表示されました。

基本編①-5 図の書式設定をする

挿入したイラストの上でダブルクリック。現れた画面の「レイアウト」をクリックし、「テキストの折り返し」の「前面」を選択し、「OK」をクリックします。

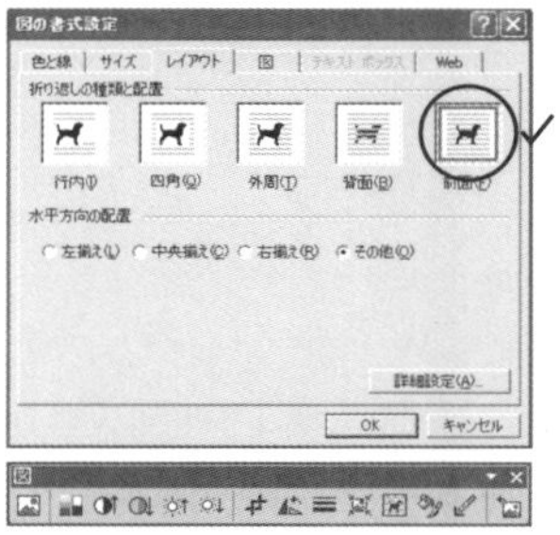

※イラスト上でクリックすると、「図」ツールバーが表示されます。このバーの「テキストの折り返し」から選択することもできます（バージョンによって異なります）。

「テキストの折り返し」とは？

「テキストの折り返し」では、挿入したイラストとカーソルの位置に打っていくような文字列との関係を設定します。「行内」以外に設定すれば、イラストを好きな位置に移動させることができます（「あ」では、文字もイラストと考えてください）。

「テキストの折り返し」のそれぞれの種類は一度試しておいて、必要に応じて使い分けるとよいでしょう。

- 「行内」＝イラストをカーソルの位置に配置します。
- 「四角」＝イラストを四角形に囲んで、文字列が折り返されます。
- 「外周」＝イラストの輪郭を囲むように、文字列が折り返されます。
- 「背面」＝イラストを文字列の背面に配置します。
- 「前面」＝イラストを文字列の前面に配置します。

基本編①-6 イラストの位置やサイズを調節する

• 位置の移動

イラスト上にマウスポインタを合わせ、クリックしたまま動かすと、イラストを好きな位置に移動させることができます（このときマウスポインタが十字矢印〔図1〕になっています）。

〔図1〕

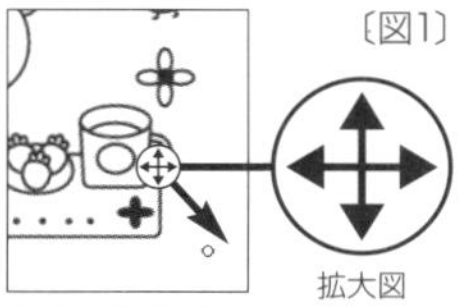

• 拡大・縮小

イラストの周りの○マークにマウスポインタを合わせてクリックしたまま動かすと、イラストを拡大・縮小することができます（このときマウスポインタが矢印〔図2〕になっています）。

〔図2〕

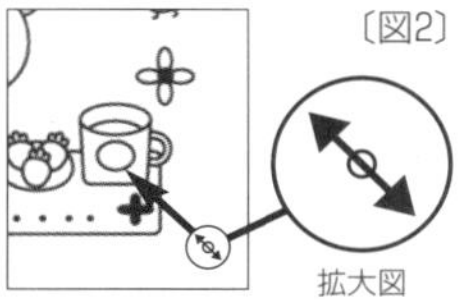

これでOK!!

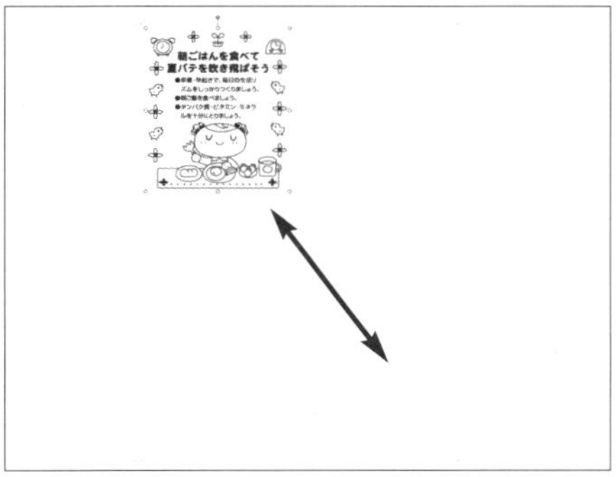

※作りたいおたより・掲示物などによって大きさが違います。好きな大きさにしてください。

※保存・印刷は、P99を見てください!!

基本編2 囲みイラストはそのままで、文章のみを変えるとき

基本編①では、文章もそのままの囲み全体（「あ」のファイル）を使いましたが、次は一歩進んで、文章を変えてみましょう。

使いたい囲み記事を決めたら、CD-ROMをパソコンにセットして『Word』を開き、用紙の表示の仕方を選ぶところまでは基本編①-3までと同じです。

基本編②-1 囲みイラストのみを表示させる…「い」のファイルを開く

基本編①-4と同じ要領で開いていき、表示させてみましょう（ここでは「P19-1-い」のファイルを開いたところです）。

基本編②-2 テキストボックスを作る

メニューの「挿入」→「テキストボックス」→「横書き」をクリックします。文章を入力したい場所にマウスポインタを合わせ、クリックしたまま右下へ動かして指を離すと、テキストボックスができます。

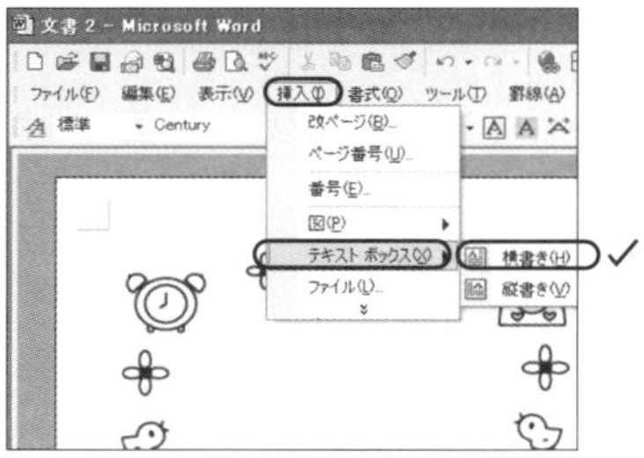

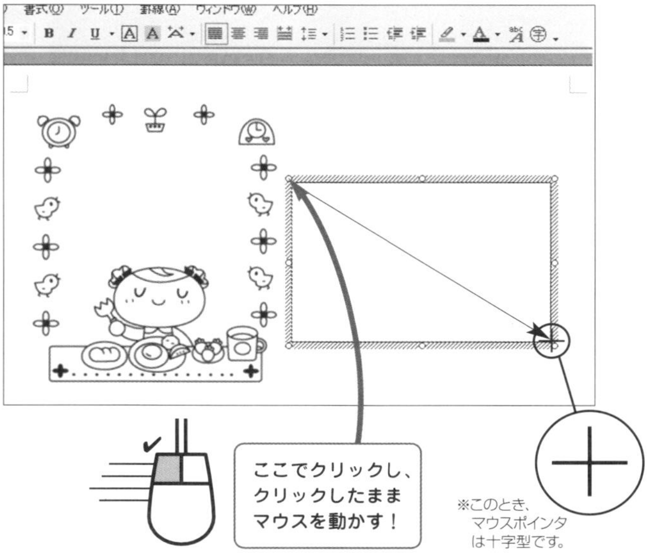

基本編②-3 テキストボックスに文章を入れる

カーソル点滅

テキストボックスができました。ボックス内でクリックすると、カーソルが左上で点滅します。

文章をまったく違うものに打ち変える場合

ここでキーボードを操作して、思い思いの文章を打ち込んでください。

文章を部分的に変更する場合

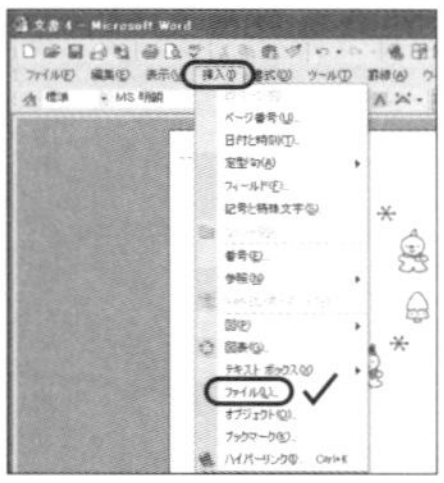

元の文章を選んで、まず流し込みます。

※元の文章（「う」のファイル）を挿入するときは、「挿入」→「ファイル」です。囲み全体「あ」や囲みイラストのみ「い」の場合とは違うので、注意しましょう（右図参照）。

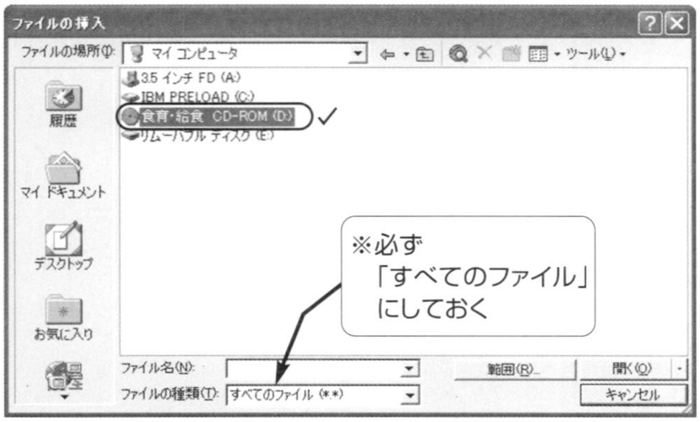
ファイルの挿入
ファイルの場所(I): マイ コンピュータ
3.5 インチ FD (A:)
IBM PRELOAD (C:)
食育・給食 CD-ROM (D:)
リムーバブル ディスク (E:)
履歴
マイ ドキュメント
デスクトップ
お気に入り
ファイル名(N):
ファイルの種類(T): すべてのファイル (*.*)
範囲(R)...
開く(O)
キャンセル
※必ず「すべてのファイル」にしておく

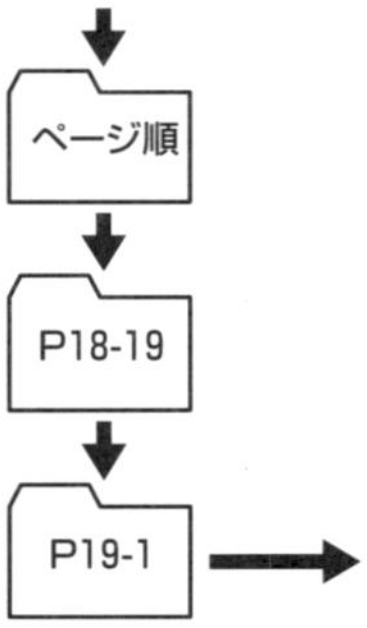
ページ順
P18-19
P19-1

ここからは同じように開いていきます。

ファイルの挿入
P19-1
P19-1-あ.bmp
P19-1-い.bmp
P19-1-う.txt
P19-1-え.bmp
P19-1-お.bmp
P19-1-か.bmp
P19-1-き.bmp
P19-1-く.bmp
P19-1-け.bmp
P19-1-こ.bmp
すべてのファイル (*.*)

「ファイルの種類」は「すべてのファイル」を選びます。

「P19-1-う」を選んでクリックすると、テキストボックスに文章が入りました（下図参照）。打ち変える場合も、部分的に変更する場合も、これでとりあえず、文章の入ったテキストボックスができました。次の②-4・②-5・②-6と読みすすめてください。

※文章をほかのファイル（他ページの別の文例）と入れ替えたいときは、そのファイル名（P28-1-う等）を選びます。囲みイラストを入れ替えたいときは、「い」のファイルを選んでください。

基本編②-4 テキストボックスの調節と書式設定

位置やサイズの調節

テキストボックスの枠の上にマウスポインタを合わせると、マウスポインタが十字矢印〔図3〕になります。この状態でクリックしたままマウスを動かすと、テキストボックスを好きな位置に移動させることができます。

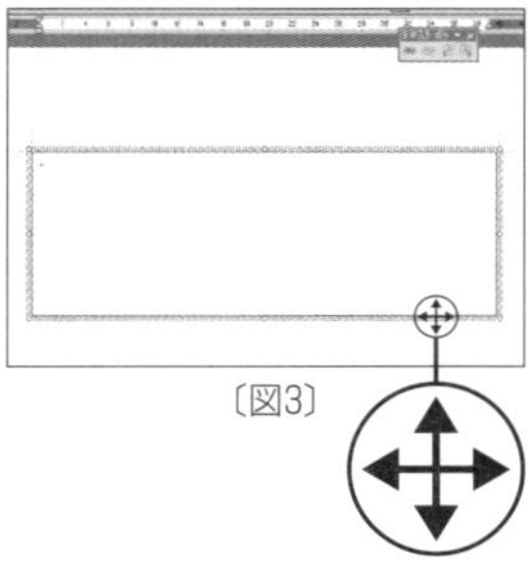

〔図3〕

また、テキストボックスの周りのハンドル（○マーク）にマウスポインタを合わせると、マウスポインタが矢印〔図4〕になります。この状態でクリックしたままマウスを動かすと、テキストボックスを拡大・縮小することができます。やり方を覚えておきましょう。

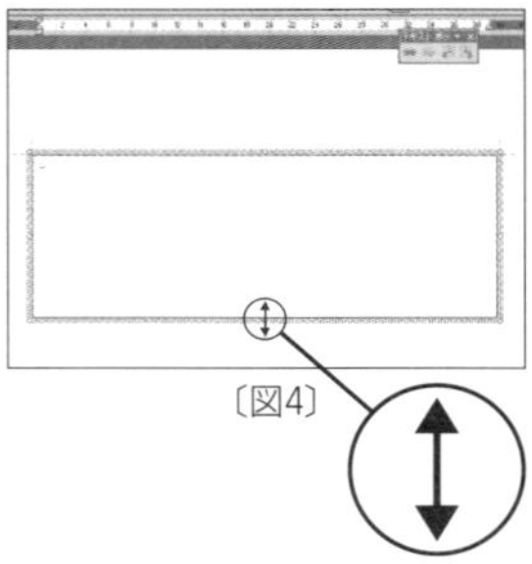

〔図4〕

書式設定

テキストボックスの枠の上にマウスポインタを合わせて右クリック（マウスの右側のボタンをクリックする）し、「テキストボックスの書式設定」をクリックします〔図5〕。

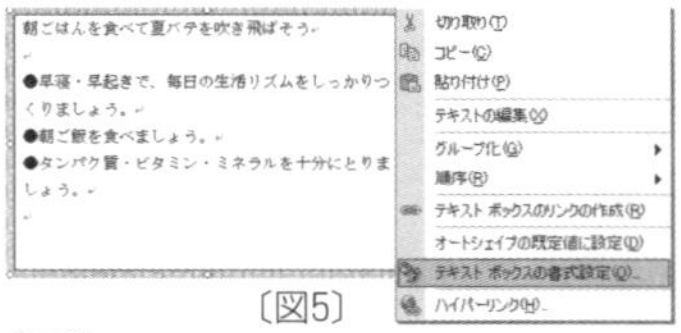

〔図5〕

現れた画面〔図6〕の「色と線」タブをクリック。「塗りつぶし」の右にある「▼」をクリックして、「塗りつぶしなし」を選択します。さらに、「線」の「色」の右にある「▼」をクリックして、「線なし」を選択します。これで「OK」をクリックすると、テキストボックスの線が消えます。

※別の場所でクリックすると、枠も見えなくなります。

〔図6〕

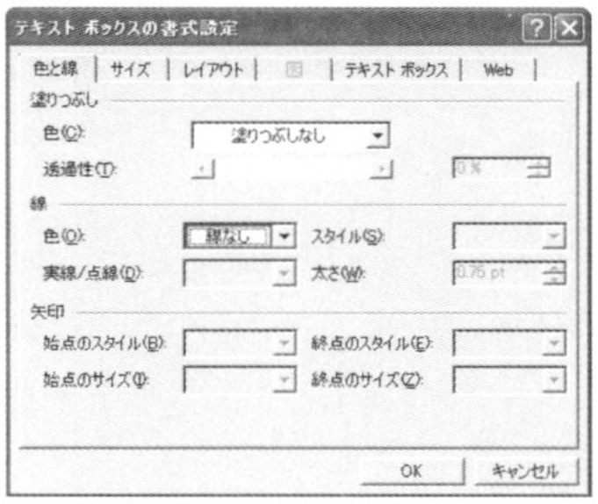
テキスト ボックスの書式設定
色と線
塗りつぶし
色(C): 塗りつぶしなし
線
色(O): 線なし
OK
キャンセル

朝ごはんを食べて夏バテを吹き飛ばそう。
●早寝・早起きで、毎日の生活リズムをしっかりつくりましょう。
●朝ご飯を食べましょう。
●タンパク質・ビタミン・ミネラルを十分にとりましょう。

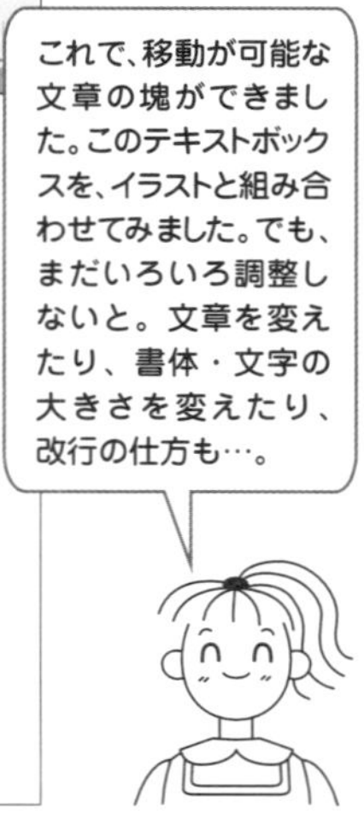
これで、移動が可能な文章の塊ができました。このテキストボックスを、イラストと組み合わせてみました。でも、まだいろいろ調整しないと。文章を変えたり、書体・文字の大きさを変えたり、改行の仕方も…。

基本編②-5 文章を変更する

②-3で流し込んだ文章を、部分的に変更するには、書体や大きさ・色を変更したい文字のいちばん左にカーソルを合わせて、クリックしたままマウスを動かし、変更する文字の範囲を選択します。このとき選択された文字は、色が白抜きになります。

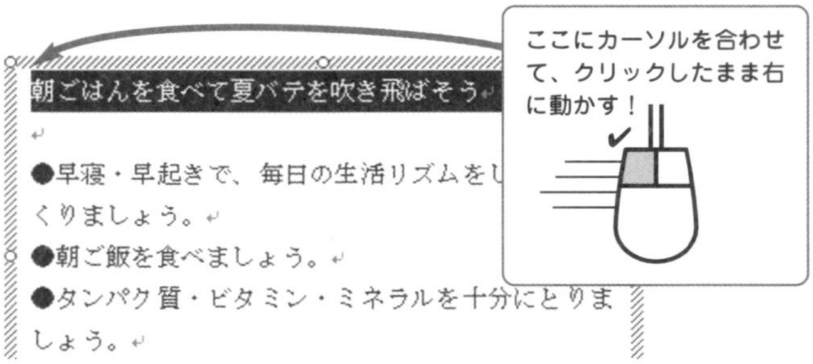
ここにカーソルを合わせて、クリックしたまま右に動かす！
朝ごはんを食べて夏バテを吹き飛ばそう
●早寝・早起きで、毎日の生活リズムをし
くりましょう。
●朝ご飯を食べましょう。
●タンパク質・ビタミン・ミネラルを十分にとりま
しょう。

新しい文章をその上から打ち込み、クリックすると、文章の変更ができました（下図参照）。

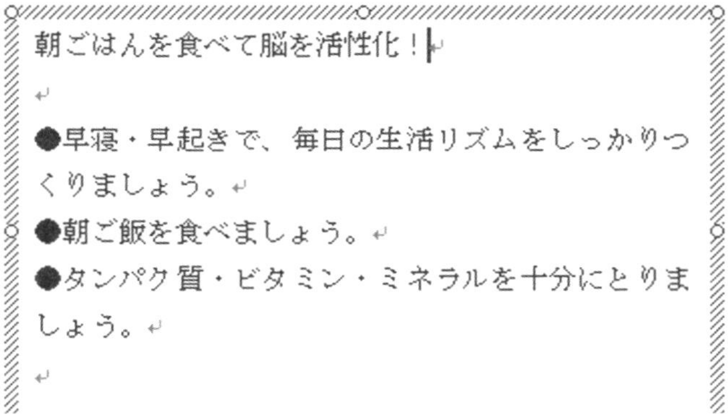
朝ごはんを食べて脳を活性化！
●早寝・早起きで、毎日の生活リズムをしっかりつ
くりましょう。
●朝ご飯を食べましょう。
●タンパク質・ビタミン・ミネラルを十分にとりま
しょう。

基本編②-6 書体・大きさ・色などを変更する

書体・大きさを変更する

タイトルなどが目だつように、太くて大きい書体（フォント）に変更しましょう。上の②-5のように文字を選択したら、メニューの「フォント」→「フォントサイズ」の右側の「▼」をクリックし、書体とサイズを選びます。文字を大きくしたときは、テキストボックスを大きくして調整してください。

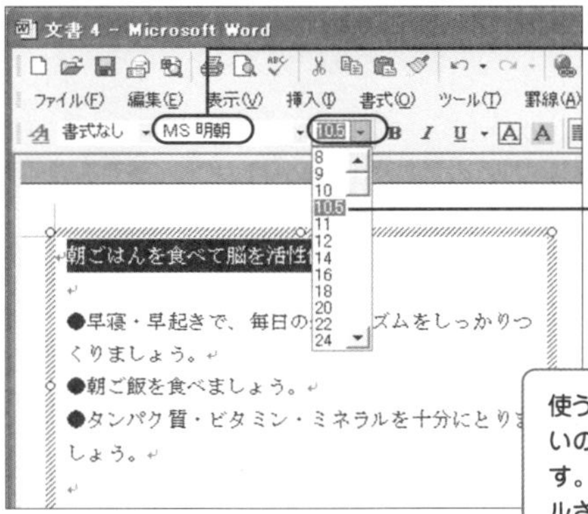
文書 4 - Microsoft Word
ファイル(F) 編集(E) 表示(V) 挿入(I) 書式(O) ツール(T) 罫線(A)
書式なし
MS 明朝
10.5
朝ごはんを食べて脳を活性
●早寝・早起きで、毎日の
くりましょう。
●朝ご飯を食べましょう。
●タンパク質・ビタミン・ミネラルを十分にとりま
しょう。

フォント
書体名が英語のものは、日本語を表示できません。

フォントサイズ
フォントサイズは、数字が大きくなるほどサイズが大きくなります。

※色・書体・大きさは、選択した文字の上で右クリック→「フォント」をクリックして現れる画面でも変更することができます。

使うことのできる書体は、お使いのパソコンによって違います。どんなソフトがインストールされているかによっても変わってきます。この場合、本の通りの書体にはなりません。

行のそろえ方を変更する

文章をセンターでそろえたいときは、そろえを変更したい行を選び、メニューバーにある「中央揃え」を選びます。「両端揃え」「右揃え」もやってみてください。

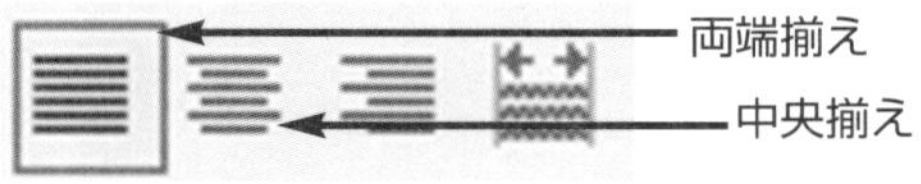
両端揃え
中央揃え

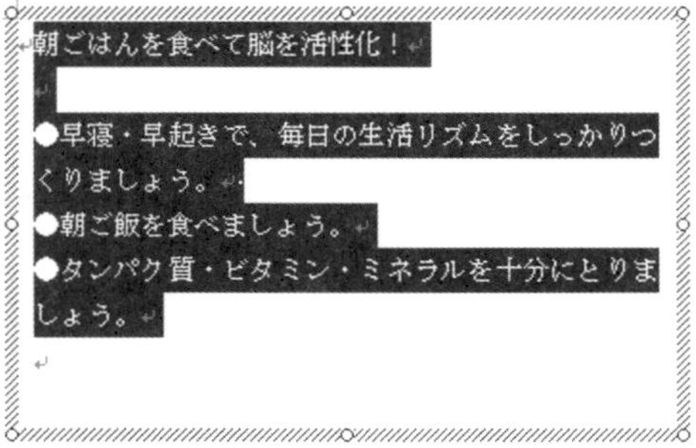
朝ごはんを食べて脳を活性化！
●早寝・早起きで、毎日の生活リズムをしっかりつ
くりましょう。
●朝ご飯を食べましょう。
●タンパク質・ビタミン・ミネラルを十分にとりま
しょう。

色を変える

②-5のように文字を選択したら、メニューにある「フォントの色」の右の「▼」をクリックし、変更したい色の上でクリックします。

タイトルをカラーにして大きめに作り、掲示物にしてもいいですね。その場合は、「あ」のファイルで！

フォントの色

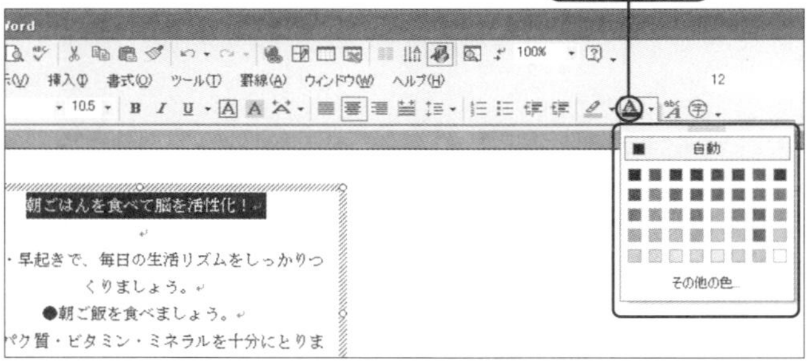
自動
その他の色
朝ごはんを食べて脳を活性化！

できあがり!!
朝ごはんを食べて
脳を活性化!
●早寝・早起きで、毎日の生活リズムを
しっかりつくりましょう。
●朝ご飯を食べましょう。
●タンパク質・ビタミン・ミネラルを
十分にとりましょう。

※作りたいおたより・掲示物などによって大きさが違います。好きな大きさにしてください。
※保存・印刷は、P99を見てください!!
※さらに詳しい操作方法は、『Word』の説明書を見てください。

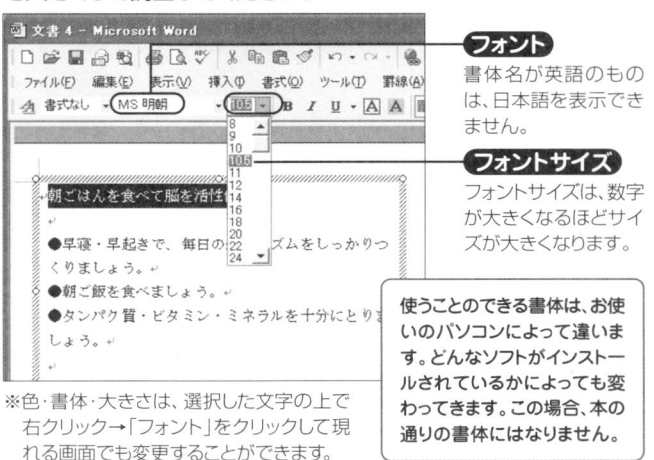

CD-ROM使い方マニュアル 応用編

もう一度CD-ROMの構成のおさらいをしながら、どんなことができるか、見ていきましょう。

CD-ROM全体の構成

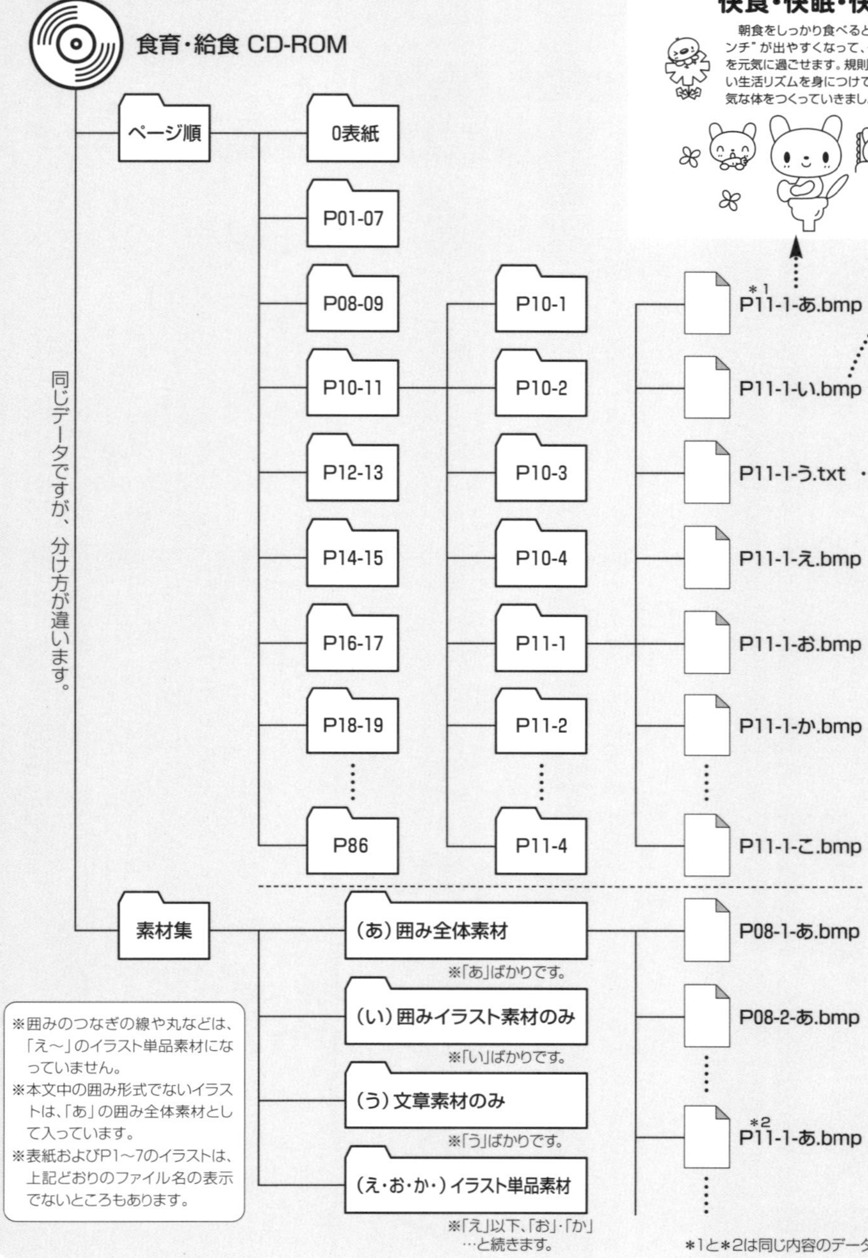

食育・給食 CD-ROM
ページ順
0表紙
P01-07
P08-09
P10-11
P12-13
P14-15
P16-17
P18-19
P86
P10-1
P10-2
P10-3
P10-4
P11-1
P11-2
P11-4
*1 P11-1-あ.bmp
P11-1-い.bmp
P11-1-う.txt
P11-1-え.bmp
P11-1-お.bmp
P11-1-か.bmp
P11-1-こ.bmp
同じデータですが、分け方が違います。
素材集
(あ)囲み全体素材
※「あ」ばかりです。
(い)囲みイラスト素材のみ
※「い」ばかりです。
(う)文章素材のみ
※「う」ばかりです。
(え・お・か・)イラスト単品素材
※「え」以下、「お」・「か」…と続きます。
P08-1-あ.bmp
P08-2-あ.bmp
*2 P11-1-あ.bmp
*1と*2は同じ内容のデータです。
※囲みのつなぎの線や丸などは、「え～」のイラスト単品素材になっていません。
※本文中の囲み形式でないイラストは、「あ」の囲み全体素材として入っています。
※表紙およびP1～7のイラストは、上記どおりのファイル名の表示でないところもあります。

P11-1-あ

快食・快眠・快便
朝食をしっかり食べると"ウンチ"が出やすくなって、一日を元気に過ごせます。規則正しい生活リズムを身につけて、元気な体をつくっていきましょう!

P11-1-い

P11-1-う（「あ」とは書体が変わります）

快食・快眠・快便
朝食をしっかり食べると"ウンチ"が出やすくなって、一日を元気に過ごせます。規則正しい生活リズムを身につけて、元気な体をつくっていきましょう!

P11-1-え

P11-1-お

P11-1-か

※以下、「き」・「く」…と続きます。

※イメージとしては、上図のようになっています。本からまず選んでから、必要なファイルを開いてお使いください。

- 囲み全体素材 ……………………………………「あ」のファイル
- 囲みイラスト素材のみ …………………………「い」のファイル
- 文章素材のみ ……………………………………「う」のファイル
- イラスト単品素材 ……………………………「え」以下のファイル

※ページ順から、もしくは素材集から、いろいろと表示させてみましょう。

上記「P11-1-え」のみが欲しいときは、「素材集」から「え」を選び、「P11-1-え.bmp」をクリックすれば表示されます。「ページ順」から探すより便利です。

各素材について

あ.「囲み全体素材」

囲みイラストと文章が一体化した、本に掲載しているのと同じものです。

- 園だより・クラスだよりの1つのコーナーとして、また、保健だより・給食だよりにも、そのまま使っていただけます。拡大し、着色して、掲示物・ポスターにも!

い.「囲みイラスト素材のみ」

囲みイラストだけです。

- 別の文章を入れることができます。
- 掲示物・プレゼント品・壁面などいろんな用途に生かして下さい。

う.「文章素材のみ」

文章だけです（本とは、書体が違います）。

- おたよりに囲み記事にするだけのスペースがないときなどに使えます。
- 文章を園の実情に合わせて変更していただけます。

え〜.「イラスト単品素材」

囲みイラストの中のいろんなイラストを、1つずつ使えるようにしました（囲みの、つなぎの点や線はデータになっていないものもあります）。

- 色をぬったり、組み合わせたりして、おたよりだけでなく、いろんな用途に生かしてください。

こんなときはこのページをみてください!	●印刷したい!→P99　●拡大・縮小したい!→P89 ●着色したい!→P94、95　●文章を変更したい!→P89、90、91 ●ワードでおたよりを作りたい!→P96、97、98（このページの下を参照）

おたよりを手作りで作成するときは、スペースを空けておいて、本からそのままコピーしたり、手直ししてプリントアウトしたものを原稿にはりつけるとよいでしょう。

一歩進んで、『Word』でおたよりを作成すると、より便利です。

おたより全体をWordで作成する方法

本書および『健康・病気のCD-ROMおたより文例』を使って、右のようなおたよりが作れます。

さらに『おたより・おしらせCD-ROMブック』（すべて当社既刊）をそろえれば、もっと多様なバリエーションが可能です。

※詳しくはP96〜98参照。

イラストの一部を消したり色を塗ったりしましょう

CD-ROMに入っているイラスト（ファイル名の最後が「.bmp」となっているもの）は、『ペイント』ソフトを使って一部を消したり、かき加えたり、色を塗ったりすることができます。「あ」や「い」の素材の一部を消したりするときにも使えます。カラーのおたよりを作るときには、『ペイント』で色を塗って保存したファイルを、『Word』に挿入して使ってください。いろんなものをカラーで作るための第一歩です。

もう一度パソコンを立ち上げるところから、やってみましょう！

1 イラストファイルを開く

まずはイラストを『ペイント』の画面で開きます。

①CD-ROMをパソコンにセットする

パソコンのCD-ROMドライブを開き、トレイにCD-ROMの表側を上にして載せ、トレイを押し込みます（パソコンによっては縦向きにセットするものや、CD-ROMを差し込むものなどもあります）。

②「マイコンピュータ」を開く

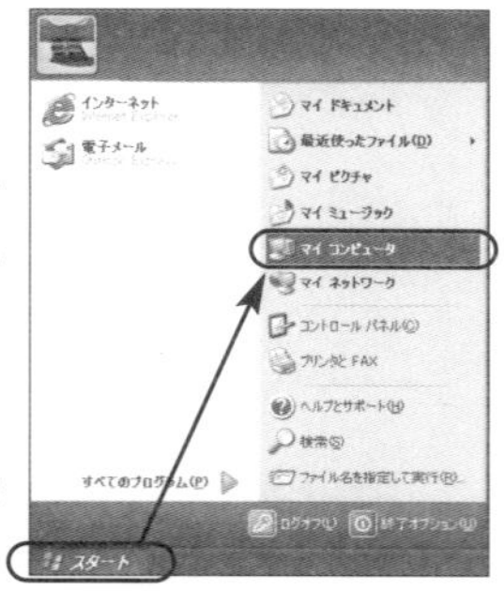

- 『WindowsXP』の場合
  画面の左下にある「スタート」をクリック。項目の中から「マイコンピュータ」をクリックします。
- 『Windows 98』『Windows Me』などの場合
  デスクトップの「マイコンピュータ」をダブルクリックします。

③イラストファイルを『ペイント』で開く

- 現れた「マイコンピュータ」の画面から「食育・給食CD-ROM」をダブルクリックします。
- CD-ROMのフォルダから開きたいイラストの入っているフォルダを選んでダブルクリックしていき、目的のイラストファイルを開きます。

このアイコンのついているファイルがイラストファイルです（OSのバージョンによって形状が多少異なります）。『WindowsXP』では、このアイコンが並ぶ場合や、左のようにイラストの縮小版が並ぶ場合もあります。
「表示」をクリックすると、画面の見え方が選べます。

お使いのパソコンによっては、『ペイント』以外のアプリケーションで開く場合があります。その場合には、以下の手順でイラストファイルを開いてください。

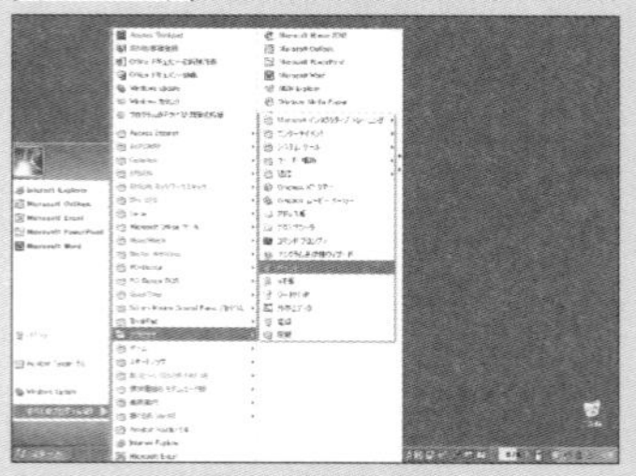

①デスクトップ画面の左下の「スタート」ボタンから「すべてのプログラム」→「アクセサリ」→「ペイント」をクリックして、『ペイント』を起動さます。

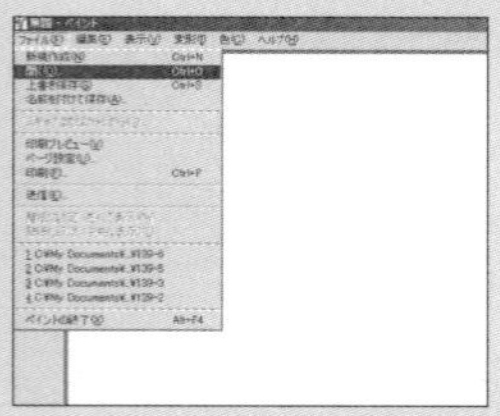

②『ペイント』の画面で、メニューの「ファイル」→「開く」をクリックし、現れる画面でCD-ROMに入っているイラストファイルを開きます。

2 イラストの一部を消したり、かき加える

『ペイント』のいろいろなツールを使って、画像を加工していきます（右ページ参照）。

①イラストの一部を消す

- 細かいところを消すとき

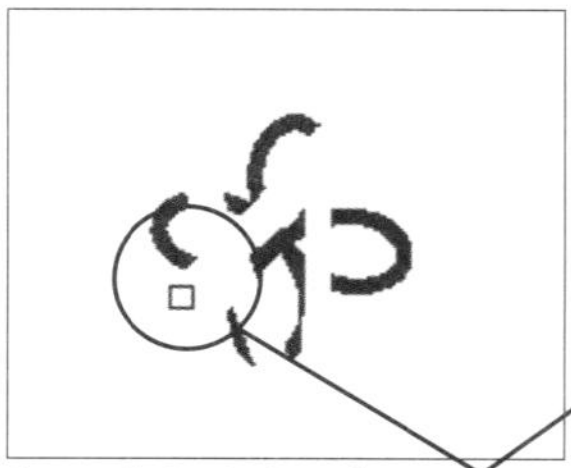

「ツールボックス」の「消しゴムツール」をクリックし、マウスポインタをイラストの上に合わせ、ポインタが四角くなったら、クリックしたままマウスを動かします。

クリックしたまま動かす！

- 広い面積を消すとき

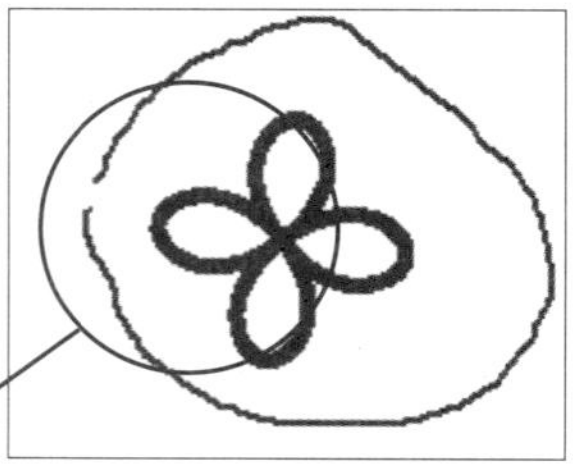

「ツールボックス」の「自由選択」をクリックし、マウスポインタをイラストの上に合わせ、クリックしたままマウスを動かして、不要な部分を囲みます。次に、メニューの「編集」→「切り取り」をクリックすると、選択した範囲が消去されます。

②イラストにかき加える

「ツールボックス」の「鉛筆」「エアブラシ」「ブラシ」「直線」「曲線」などをクリックし、イラストの上でクリックしたまま動かすと、線をかくことができます。文字を書き加えるときには、「テキスト」ツールを使います。これらのツールの詳しい使い方は、『Windows』の説明書を見てください。まずは、いろいろな機能を試してみてください。

3 イラストに色を塗る

線で囲まれた部分ごとに色を塗っていきます。いろんな配色を楽しみましょう。

①線の切れている部分をふさぐ

「鉛筆」ツールをクリックしたら、「カラーパレット」の中から塗りたい色をクリックします。そのまま画面のイラストの上にマウスポインタを動かすと、マウスポインタが鉛筆の形になります。この状態で、線が切れている部分に書き加えて、色が漏れないようにふさぎます。このとき「拡大と縮小」ツールを使ってあらかじめ拡大しておくと作業がしやすくなります。

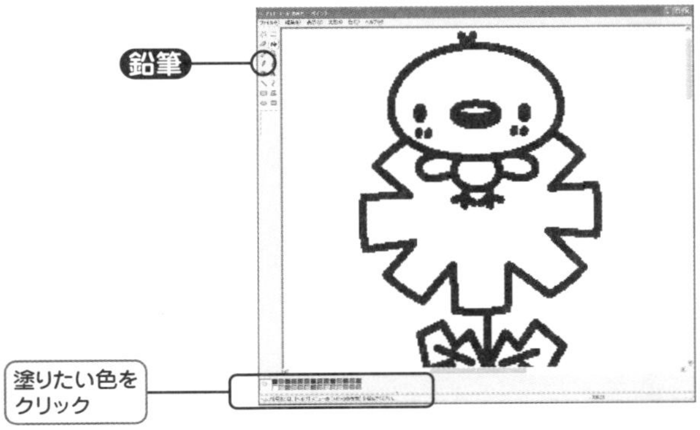
鉛筆
塗りたい色を
クリック

②色を流し込む

「カラーパレット」で使いたい色をクリックしたら、「塗りつぶし」ツールをクリックします。そのまま画面のイラストの上にマウスポインタを持っていくと、マウスポインタがバケツの形になります。この状態で、色を塗りたい部分でクリックすると、線で囲まれた内側に色が流し込まれます。

塗りつぶし
クリック

色が塗れました。

この作業を繰り返して、イラストに色を塗っていきます。操作をまちがえたときは、「編集」→「元に戻す」でやり直します。色が塗れたら、「ファイル」→「名前をつけて保存」で保存し、『Word』に挿入して使います。

POINT

ペイントの画面はこうなっています！

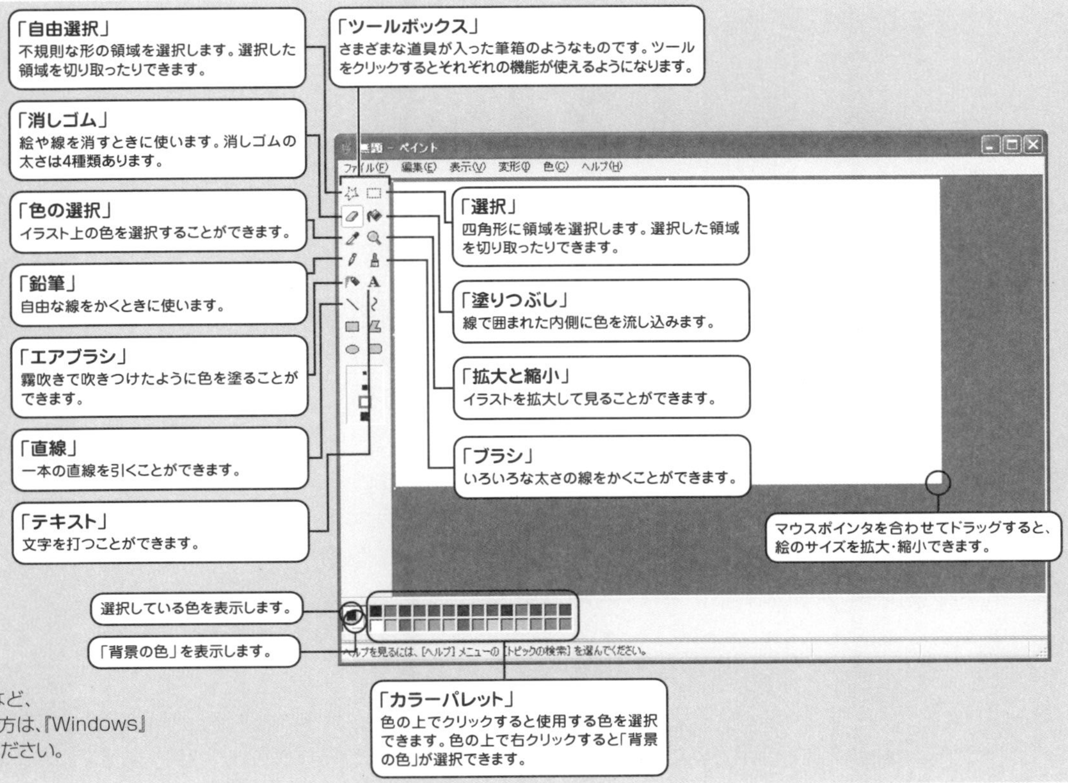
「自由選択」
不規則な形の領域を選択します。選択した領域を切り取ったりできます。
「消しゴム」
絵や線を消すときに使います。消しゴムの太さは4種類あります。
「色の選択」
イラスト上の色を選択することができます。
「鉛筆」
自由な線をかくときに使います。
「エアブラシ」
霧吹きで吹きつけたように色を塗ることができます。
「直線」
一本の直線を引くことができます。
「テキスト」
文字を打つことができます。
「ツールボックス」
さまざまな道具が入った筆箱のようなものです。ツールをクリックするとそれぞれの機能が使えるようになります。
無題 - ペイント
ファイル(F) 編集(E) 表示(V) 変形(I) 色(C) ヘルプ(H)
「選択」
四角形に領域を選択します。選択した領域を切り取ったりできます。
「塗りつぶし」
線で囲まれた内側に色を流し込みます。
「拡大と縮小」
イラストを拡大して見ることができます。
「ブラシ」
いろいろな太さの線をかくことができます。
マウスポインタを合わせてドラッグすると、絵のサイズを拡大・縮小できます。
選択している色を表示します。
「背景の色」を表示します。
ヘルプを見るには、[ヘルプ] メニューの [トピックの検索] を選んでください。
「カラーパレット」
色の上でクリックすると使用する色を選択できます。色の上で右クリックすると「背景の色」が選択できます。

※自分で色を作るなど、さらに詳しい使い方は、『Windows』の説明書を見てください。

パソコンで簡単にオリジナルおたよりを作りましょう

本書のCD-ROMや、当社刊『健康・病気のCD-ROMおたより文例』『おたより・おしらせCD-ROMブック』なども合わせて活用すれば、P93のようなオリジナルおたよりが作れます。
ここでは実際に『Word』を使っての、簡単なおたよりの作り方を紹介します。
※ここから98ページまでは、88〜91ページと重複するところがありますが、93ページの下にあるようなおたより作りを想定して、改めて説明しています。

1 おたより・おしらせのサイズを決める

おたより・おしらせのサイズは、後からでも変更可能ですが、まずは作ろうと思う大きさを決めておきましょう。

※プリンターによってA4サイズまでしか印刷できない場合は、印刷するときにA4に縮小して印刷し、それを原稿に拡大コピーしてください。

①『Word』を開く

- デスクトップに『Microsoft Word』のアイコンが表示されていれば、アイコンをダブルクリック。
- デスクトップにアイコンがない場合は、左下の「スタート」ボタンから「プログラム」→『Microsoft Word』をクリックします（『Windows』のバージョンによって手順は多少異なります）。

Microsoft Word

※バージョンによって画面・形状が多少異なります。

②ページ設定をする

- 左上の「ファイル」→「ページ設定」をクリック。
  現れた画面の「用紙」タブをクリックして、「用紙サイズ」の右側にある「▼」をクリックし、作りたいサイズに設定します。ここではA4サイズに設定します。

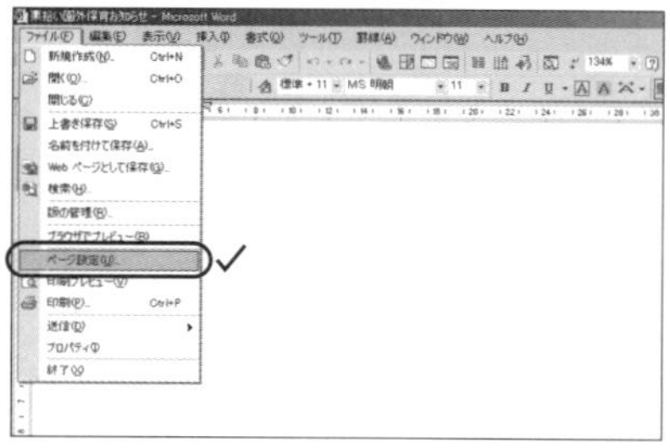

※A4で原稿を作り、A4→B4で拡大コピー（約122%）するとよいでしょう。
※B4が印刷できるプリンターなら、B4に設定して作成してください。
※A4＝縦21cm×横29.4cm（横長）
B4＝縦25.7cm×横36.4cm（横長）

- 次に「余白」タブをクリックして、「上」・「下」・「左」・「右」の余白を設定します。プリンターによって印刷できる範囲が決まっていますので、お持ちのプリンターに合わせて設定してください。横長のおたよりを作るときには、「印刷の向き」の「横」をクリックしておきます。

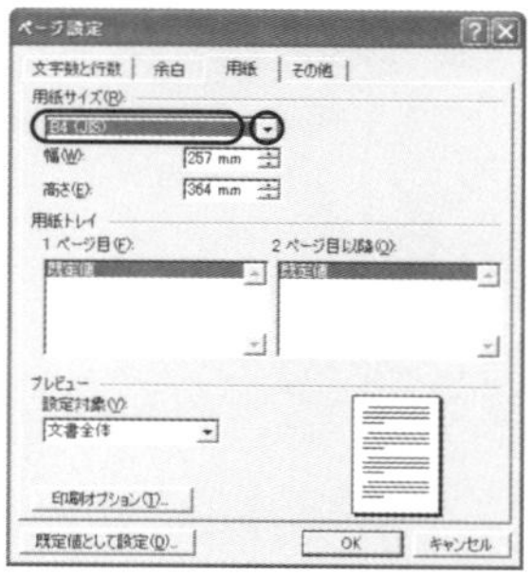

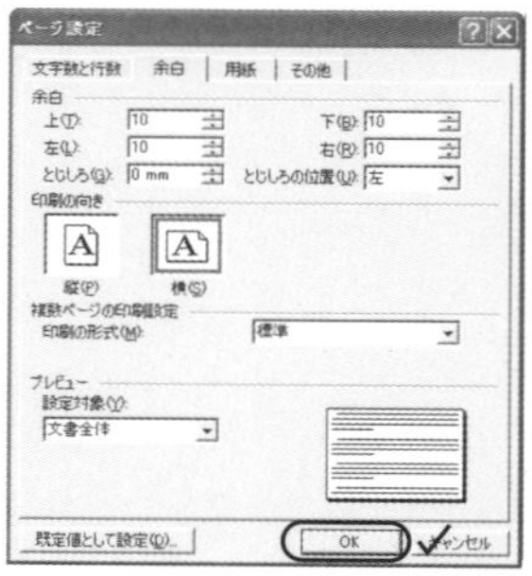

そのほか、おたよりに合わせて設定ができたら「OK」をクリックします。

③用紙の表示の仕方を選ぶ

- メニューの「表示」をクリックし、「印刷レイアウト」をクリックします。
- 作業の途中で用紙全体を見たいときには、「ファイル」→「印刷プレビュー」をクリックすると縮小されて全体を見ることができます。
- 元の画面に戻るときには、「閉じる」をクリックします。

2 タイトルを入れる

タイトルは、横長で横書きのおたよりの場合、左上部分に入れます。『Word』のいろいろな機能(「オートシェイプ」や「ワードアート」など)を使って入れてみましょう。

これらの機能は、知っていると便利で、インパクトのあるおたよりやおしらせが、より簡単に作れます。

※さらに詳しい説明は『Word』の説明書を見てください。

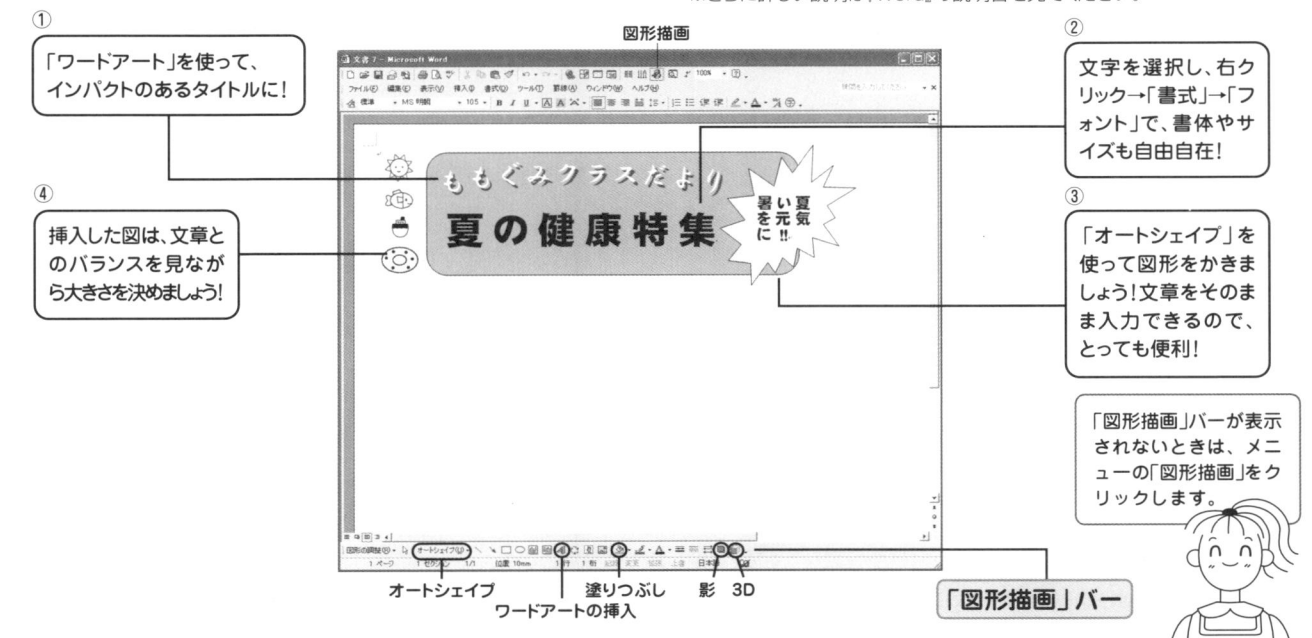

① 「ワードアート」を使って、インパクトのあるタイトルに!

④ 挿入した図は、文章とのバランスを見ながら大きさを決めましょう!

② 文字を選択し、右クリック→「書式」→「フォント」で、書体やサイズも自由自在!

③ 「オートシェイプ」を使って図形をかきましょう!文章をそのまま入力できるので、とっても便利!

「図形描画」バーが表示されないときは、メニューの「図形描画」をクリックします。

「オートシェイプ」の使い方

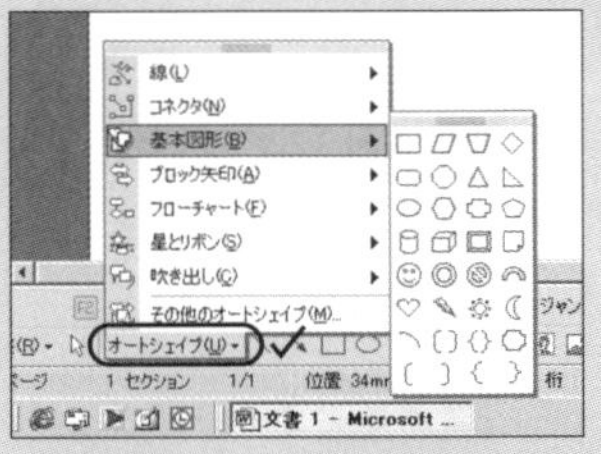

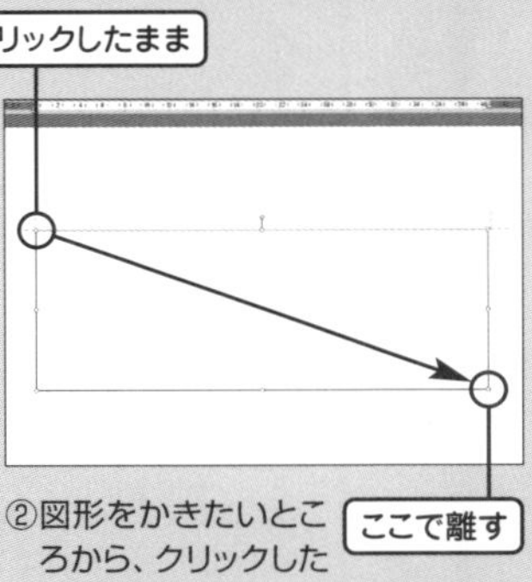

①「図形描画」バーにある「オートシェイプ」から、好きな図形を選んでクリックします。

②図形をかきたいところから、クリックしたまま右下にマウスを移動させると、図形がかけます。

オートシェイプでかいた図形は、イラストと同じように移動、拡大・縮小ができます。また、クリックしたときに黄色いハンドル(◇マーク)が現れる図形は、このハンドルにマウスポインタを合わせてドラッグすると形の微調整ができます。

また、図形上でクリックし、画面下の「図形描画」バーのアイコンをクリックして、線の太さ・色などを変更することができます。「影」をつけたり、「3D」にすることもできるので、いろいろ試してみるとよいでしょう。

「ワードアート」の使い方

①「図形描画」バーにある「ワードアートの挿入」をクリックします。

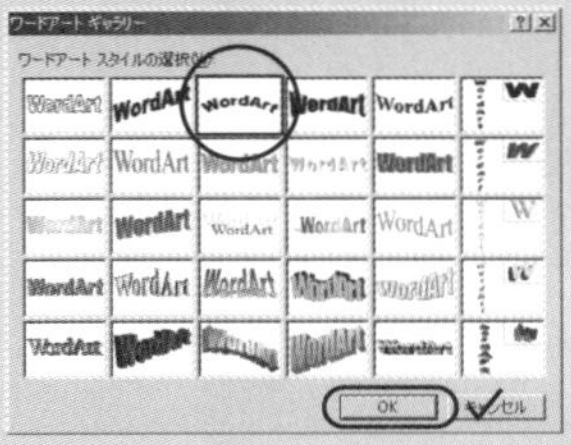

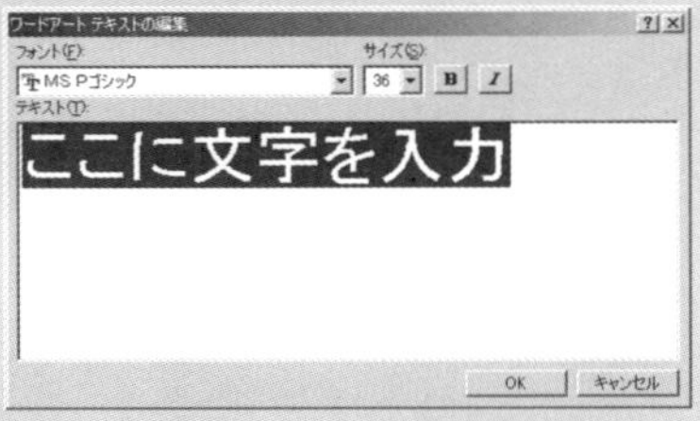

②「ワードアート ギャラリー」から好きな文字の種類を選択し、「OK」をクリックします。

③「ワードアート テキストの編集」に文字を入力して「OK」をクリックすると画面上に文字が現れます。

「ワードアート」で書いた文字を変更するときは、文字の上でクリックして現れる「ワードアート」バーで簡単に変更することができるので、いろいろ試してみるとよいでしょう。

❸ CD-ROMに入っている囲み全体素材を使ってレイアウトする

囲み全体素材（「あ」のファイル）をおたよりのテーマに沿って選び、並べるだけで、子どもたちの健康を保護者とともに願うおたよりが出来上がります。文字だけのおたよりよりも楽しい雰囲気になり、読んでいただきやすいでしょう。

①囲み全体素材を表示させる

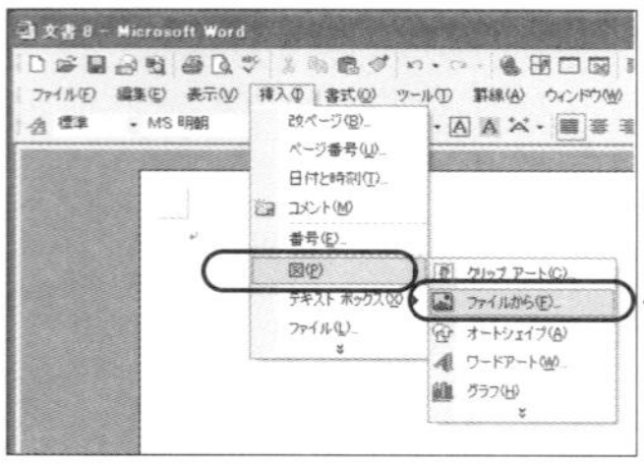

- メニューにある「挿入」→「図」→「ファイルから」の順にクリックします。
- 現れた画面の「ファイルの場所」を「食育・給食 CD-ROM」などに設定し、CD-ROMのフォルダから挿入したいイラストの入っているフォルダを選んでいき、目的のイラストファイルを見つけたら、「挿入」をクリックします。

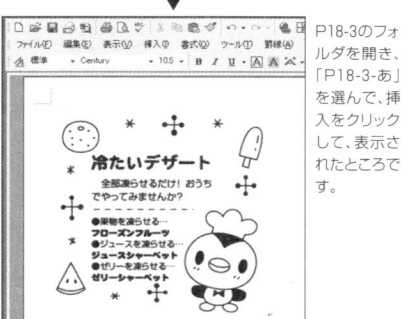

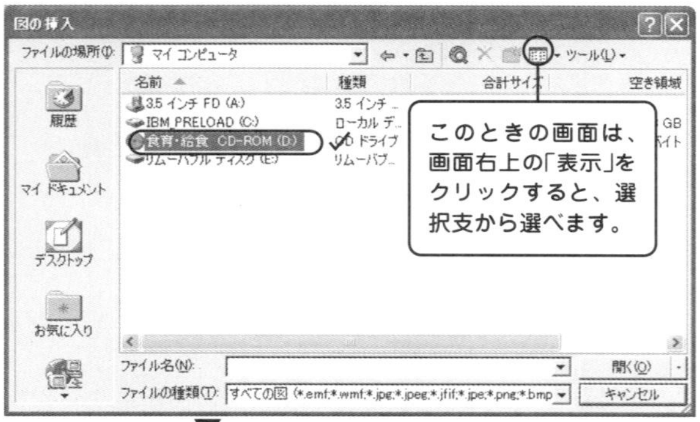
このときの画面は、画面右上の「表示」をクリックすると、選択支から選べます。

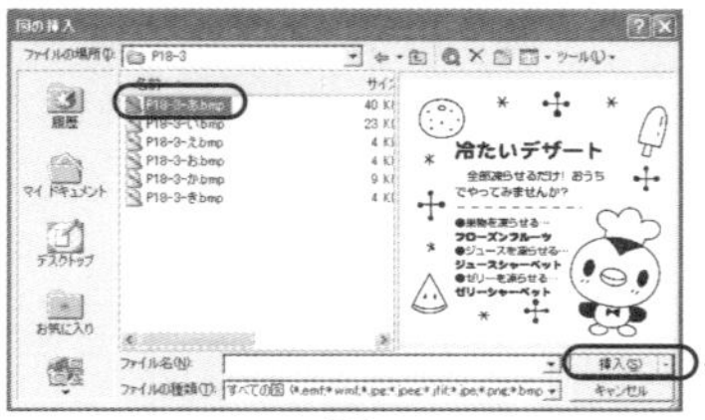

P18-3のフォルダを開き、「P18-3-あ」を選んで、挿入をクリックして、表示されたところです。

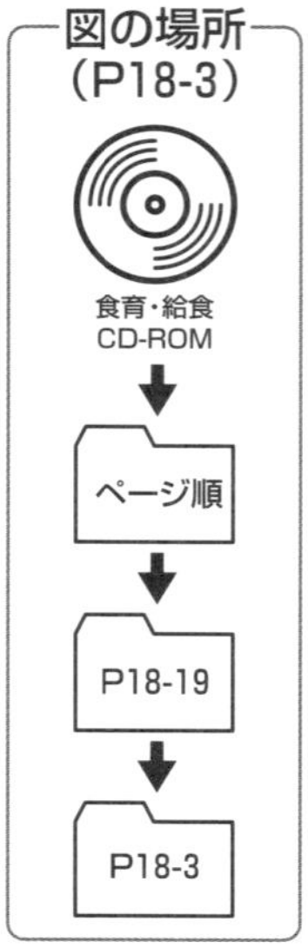
図の場所
(P18-3)
食育・給食
CD-ROM
ページ順
P18-19
P18-3

②図の書式設定をする

挿入したイラストの上でダブルクリック。現れた画面の「レイアウト」をクリックし、「テキストの折り返し」の「前面」を選択し、「OK」をクリックします。

※イラスト上でクリックすると、「図」ツールバーが表示されます。このバーの「テキストの折り返し」から選択することもできます。

POINT 「テキストの折り返し」とは？

「テキストの折り返し」では、挿入したイラストとカーソルの位置に打っていくような文字列との関係を設定します。「行内」以外に設定すれば、イラストを好きな位置に移動させることができます（「あ」では、文字もイラストと考えてください）。

「テキストの折り返し」のそれぞれの種類は一度試しておいて、必要に応じて使い分けるとよいでしょう。

- 「行内」＝イラストをカーソルの位置に配置します。
- 「四角」＝イラストを四角形に囲んで、文字列が折り返されます。
- 「外周」＝イラストの輪郭を囲むように、文字列が折り返されます。
- 「背面」＝イラストを文字列の背面に配置します。
- 「前面」＝イラストを文字列の前面に配置します。

③イラストの位置やサイズを調節する

- イラスト上にマウスポインタを合わせ、クリックしたまま動かすと、イラストを好きな位置に移動させることができます（このときマウスポインタが十字矢印〔図1〕になっています）。

〔図1〕

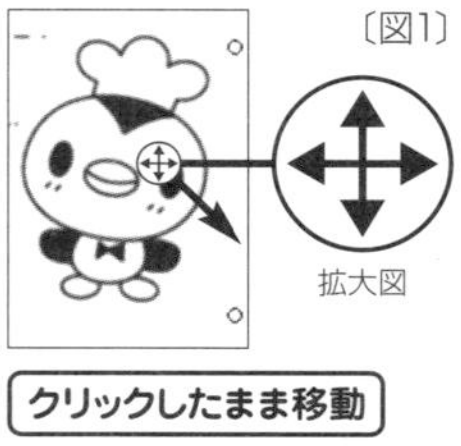
拡大図
クリックしたまま移動

- イラストの周りの○マークにマウスポインタを合わせてクリックしたまま動かすと、イラストを拡大・縮小することができます（このときマウスポインタが矢印〔図2〕になっています）。

〔図2〕

拡大図
クリックしたまま移動

※①～③の作業を、選んだ囲み全体素材（「あ」のファイル）の数だけ繰り返してください。

※バランスをとってレイアウトできたら、A4でプリントアウトし（P99参照）、B4に拡大コピーしてください。

◎P93のようなオリジナルのおたよりを作ってみましょう。

印刷(プリントアウト)の仕方など

作ったデータは名前をつけてパソコンに保存し、いつでも開けるようにしておきます。作業の途中で電源が切れてしまったり、画面が動かなくなってしまったときのために、こまめに保存しておくほうがよいでしょう。出来上がったら、印刷してみましょう!
そのまま印刷するときは、下の③のみを行なってください。

1 「名前をつけて保存」をクリックする

メニューの「ファイル」をクリックして、「名前をつけて保存」をクリックします。

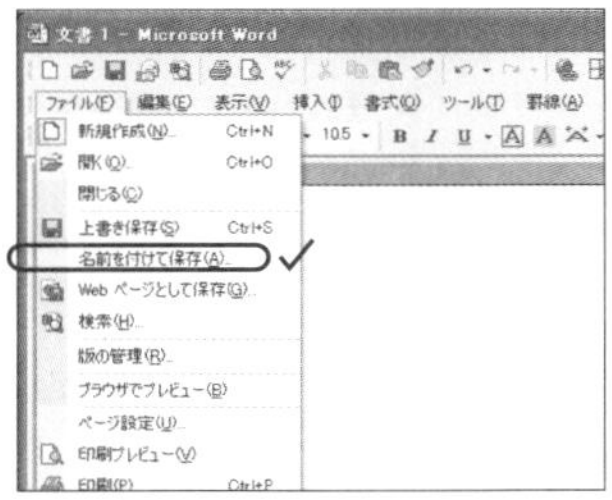

一度「名前をつけて保存」したファイルを変更して保存するときは、「上書き保存」をクリックします。

2 保存先を指定し、保存する

現れた画面で保存先を指定します。ここでは、「マイ　ドキュメント」に保存しましょう。保存先の右側の▼をクリックし、「マイ　ドキュメント」を選びます。

ファイル名はわかりやすい名前をつけて入力するとよいでしょう。

最後に「保存」をクリックします。

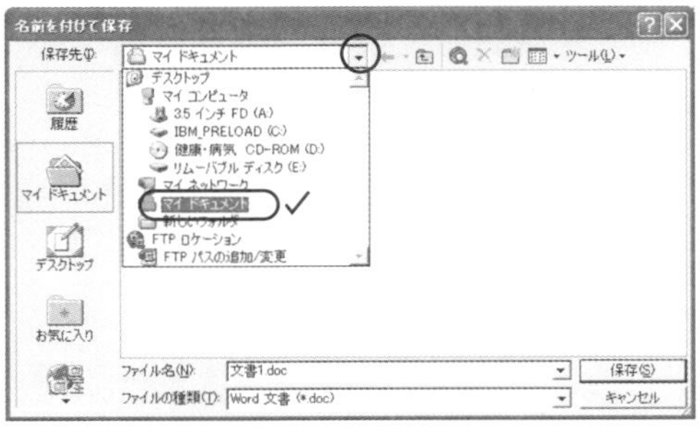

この本のCD-ROMに保存することはできないので、パソコンのハードディスクのわかりやすいところに保存します。作った書類などのデータは、「マイ　ドキュメント」に保存しておくのが一般的です。

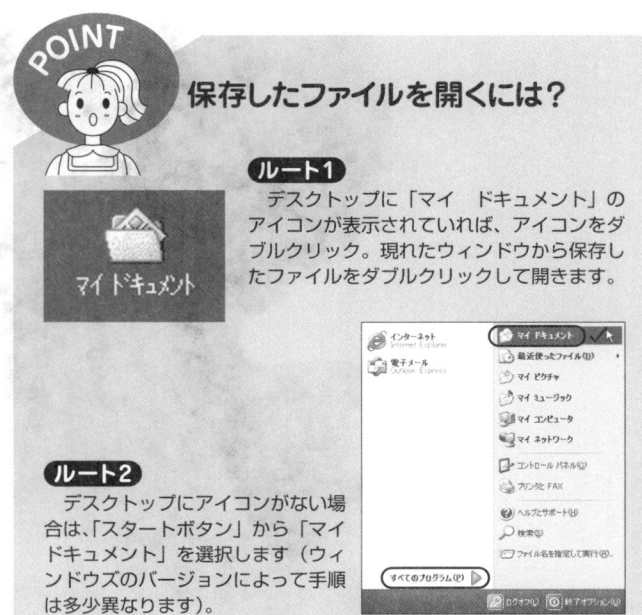

POINT

保存したファイルを開くには?

ルート1

デスクトップに「マイ　ドキュメント」のアイコンが表示されていれば、アイコンをダブルクリック。現れたウィンドウから保存したファイルをダブルクリックして開きます。

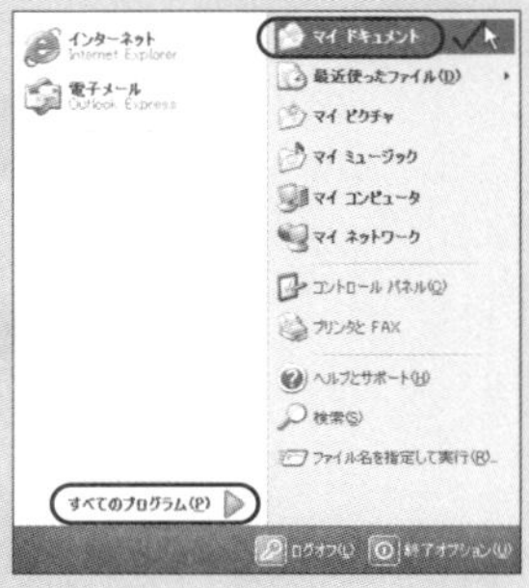

ルート2

デスクトップにアイコンがない場合は、「スタートボタン」から「マイドキュメント」を選択します(ウィンドウズのバージョンによって手順は多少異なります)。

3 印刷(プリントアウト)する

プリンターに用紙をセットし、メニューの「ファイル」をクリックして、「印刷」をクリックします。

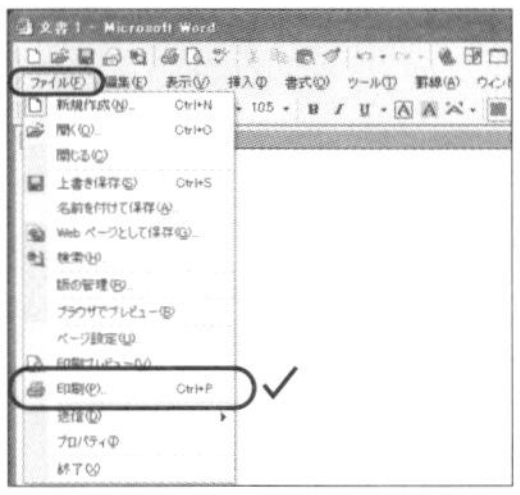

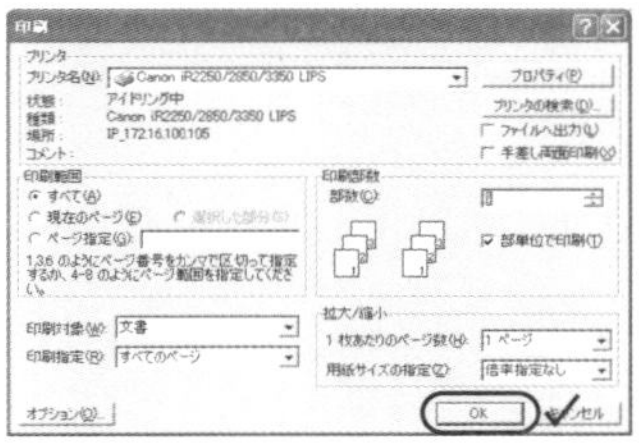

現れた画面で、設定をお使いのプリンターに合わせ、「OK」をクリックします。

※B4サイズを印刷できないプリンターでB4サイズのものを作った場合は、A4サイズに縮小して印刷してください。

※開封する前に本書3ページを必ずお読みください。

監修者紹介

山梨大学大学院 医学工学総合研究部 教授　医学博士

山縣　然太朗（やまがた　ぜんたろう）

山梨医科大学医学部卒。カリフォルニア大学アーバイン校研究員、山梨大学教授を経て、現職および同大学院教授。健やか親子21検討会委員などを歴任。主な著書に『保健医療福祉の研究ナビ』他がある。

協力者一覧（本書編集時のお役職名です）

新井孝子（栄養士）
上野久美子（栄養士）
大津裕子（小学校講師）
尾上千尋（看護師）
小松原かおり（養護教諭）
中村せつ子（保育士）
中村有希恵（幼稚園教諭）
永井裕美（幼稚園教諭）
安田　梓（養護教諭）
山口智佳子（養護教諭）

いつものおたよりで子育て支援

食育・給食のCD-ROMおたより文例

～そのまま使える囲み・文例・イラスト集～

2005年６月　初版発行
2018年７月　第14版発行
監修者　山縣　然太朗
発行人　岡本　功
発行所　ひかりのくに株式会社
〒543-0001　大阪市天王寺区上本町3-2-14　郵便振替00920-2-118855　TEL06-6768-1155
〒175-0082　東京都板橋区高島平6-1-1　郵便振替 00150-0-30666　TEL03-3979-3112
ホームページアドレス　http://www.hikarinokuni.co.jp
印刷所　凸版印刷株式会社

Printed in Japan
ISBN978-4-564-60110-1
NDC376　100p　26×21cm